예수와 함께하는 풍성한 식탁에
당신을 초대합니다.

_____ 님께

_____ 드림

예수와 함께한 저녁식사 2

NIGHT WITH A PERFECT STRANGER
by David Gregory

Copyright © 2012 by David Gregory Smith
Originally published in English under the title **NIGHT WITH A PERFECT STRANGER** by Worthy Publishing, a division of Worthy Media, Inc., Brentwood, TN, USA. All rights reserved.

This Korean Edition Copyright © 2012 by Poiema, a division of Gimm-Young Publishers, Inc., Seoul, Republic of Korea.

This Korean edition is translated and used by arrangement of Worthy Media, Inc. through rMaeng2, Seoul, Republic of Korea.

예수와 함께한 저녁식사 2

데이비드 그레고리 | 최종훈 옮김

NIGHT WITH
A PERFECT STRANGER

포이에마
POIEMA

예수와 함께한 저녁식사 2
데이비드 그레고리 지음 | 최종훈 옮김

1판 1쇄 발행 2012. 7. 3. | **1판 14쇄 발행** 2024. 6. 1. | **발행처** 포이에마 | **발행인** 박강휘 | **등록번호** 제300-2006-190호 | **등록일자** 2006. 10. 16. | 서울특별시 종로구 북촌로 63-3 우편번호 03052 | 마케팅부 02)3668-3260, 편집부 02)730-8648, 팩스 02)745-4827

저작권자 ⓒ 데이비드 그레고리
본 저작물의 한국어판 저작권은 알맹2 에이전시를 통하여 Worthy Media, Inc.와 독점 계약한 포이에마에 있습니다. 신 저작권법에 의해 한국 내에서 보호받는 저작물이므로 무단 전재와 무단 복제를 금합니다.

값은 뒤표지에 있습니다. | ISBN 978-89-97760-02-2 03230 | 이메일 masterpiece@poiema.co.kr | 좋은 독자가 좋은 책을 만듭니다. | 포이에마는 독자 여러분의 의견에 항상 귀 기울이고 있습니다.

차례

추천의 말　6

1. 7년 전 이야기　9
2. 도로 위에서 예수를 만나다　32
3. 예수와 친해지는 프로그램이 있나요?　51
4. 예수 믿지만 죄는 짓습니다　66
5. 당신은 천사인가요?　86
6. 대신 보내신 이　94
7. 규칙을 싫어하는 하나님　107
8. 어떻게 하면 하나님 사랑을 받나요?　122
9. 예수 믿어도 사는 건 어렵군요　135
10. 예수에게 바람맞다　144
11. 아내가 더 잘 믿습니다　153
12. 예수와 함께한 모든 생활　165

옮긴이의 말　186
회복을 구하는 이들을 위한 그룹 토론 가이드　191

추천의 말

꿈속에서라도 생기길 바랐던 일들이 이 책에선 일어나고 있었다. 가장 일상적인 언어로 하나님의 사랑을 친근하게 설명하는 대목들이 바로 이 책을 읽는 묘미라고 할 수 있다. 이 책을 통해 친구 같은 예수님을 만나 삶이 풍요로워지기를 바라며 이 땅의 모든 크리스천에게 강력 추천한다.

_문희곤, 높은뜻 푸른교회 담임목사

예수님은 종교적이셨을까요? 아닙니다. 사람들은 흔히 영성과 종교성을 같은 것이라 착각합니다. 한국 교회의 문제점은 예수님의 영성을 상실한 채 종교에만 매달려 하나님의 복을 구한다는 것입니다. 종교의 무거운 멍에를 메고 허덕이면서도 그 이유를 알지 못하는 곤고한 크리스천들을 예수님이 직접 찾아오셔서 복음의 본질을 조용히 회복시켜 주고 계십니다. 그 예수님을 이 작은 책에서 만날 수 있습니다.

_신우인, 포이에마 예수교회 담임목사

어떻게 하면 예수님과 생동감 있는 교제를 할 수 있을까? 거기에 대한 명쾌한 대답이 적혀 있는 책이다. 형식적인 예배와 교제 속에 지쳐버린 영혼들에게 생명력을 불어넣어 주는 영혼의 내비게이션 같은 책이다. 세상의 여러 가지 유혹과 죄책감에 굴복당한 영혼들이 이 책을 통해 새로운 위로와 기쁨을 발견할 수 있을 것이다. 예수님과의 첫사랑이 그리운 영혼들을 다시 한 번 풍성한 식탁으로 초대할 멋진 책이다.

_진재혁, 지구촌교회 담임목사

7년 전 이야기
Chapter One

●NIGHT WITH A PERFECT STRANGER●

 단 한 번만이라도 예수와 얼굴을 마주한다면 크리스천으로 멋지게 살아갈 수 있겠다 싶은가?
 일곱 해 전, 내게 바로 그런 사건이 일어났다.
 7년 전 그날 밤, 무슨 연유로 예수님은 하고많은 사람들 가운데 하필 날 찍어서 신시내티에 있는 밀라노 레스토랑으로 불러내셨는지, 난 아직도 잘 모르겠다. 예수를 거부하는 척했지만 사실은 그 마음이 단단하지 않음을 한눈에 알아본 게 아닌가 짐작할 따름이다.
 그때 내 나이는 서른셋, 겉보기론 예쁜 아내와 두 살 난 사랑스런 딸을 거느리고 성공가도를 달리는 직장인이었다. 그러나 한 꺼풀 들춰보면 실상은 딴판이었다. 결혼생활은 비틀비틀 위태로웠다. 스스로 생각해도 부모로서의 자질이 의심스러웠다. 또한 삶의 본질을 꿰뚫어보는 이가 존재한다는 사실을 믿지 않았다.

그러던 차에 누가 보냈는지 알 수 없는 초대장을 받았다. 예수와 저녁식사를 함께 하자는 내용이었다. 직장동료들의 짓궂은 장난질이 분명했다. 까짓것 한번 속아주기로 했다. 밀라노 레스토랑에 들어가서 스스로 예수라고 주장하는 남자 건너편에 앉았다. 공짜 밥이나 한 끼 얻어먹을 속셈이었다. 그런데, 놀랍게도 그 양반은 진짜 예수였다. 그는 쉴 새 없이 쏟아내는 내 질문들에 참을성 있게 대답해가면서 이편에서 완고한 무신론을 내려놓고 하나님, 곧 날 사랑하셔서 십자가를 지고 돌아가셨으며 다시 사셔서 구원을 베푸신 분께 마음을 열 때까지 기다려주었다.

그날의 초대가 내 인생을 바꿔놓았다. 냉소적인 회의론을 하룻저녁에 훌쩍 뛰어넘어 하나님을 깊이 신뢰하는 신앙인이 된 것이다.

그로부터 3주 뒤, 아내 매티Mattie 역시 비행기 안에서 비슷한 만남을 가졌다. 예수님이 먼저 정체를 드러내지 않았다는 점만 빼고는 앞뒤 사정이 판박이처럼 똑같았다. 이번에는 아내 쪽에서 그분을 알아보았다.

그렇게 예수를 만난 뒤로, 아내와 나는 줄곧 그분의 제자로 살았다.

처음 두 해 동안은 정말 대단했다. 어떻게 그러지 않을 수가 있겠는가? 예수님을 만났고, 그분이 모든 일들을 풀어 가르쳐주었다. 전부는 아닐지라도 상당히 많은 이슈들을 설명해주었다. 삶의 가닥이 잡혔다. 목표가 또렷해졌다. 기쁨과 평안 같은 것들이 심령을 가득 채웠다.

그러나 세월이 갈수록 서서히 김이 빠져나갔다. 꼬집어 말할 수는 없지만 정말 중요한 무언가를 조금씩 놓치기 시작했다. 하나님과 나누던 친밀한 교제, 예수님을 향한 감격, 그가 가져다준 삶의 목적과 의미 따위가 나날이 희미해졌다. 언제부터 색이 바래기 시작했는지 모르겠다. 믿음을 버리기는커녕 거리를 둔 적도 없다. 그럼에도 불구하고 내 안에 마땅히 맺어야 할 열매가 좀처럼 열리지 않았다.

예수와 만났다는 사실만으로도 평생 기운 잃지 않고 살 줄 알았는데, 그후 5년 동안 줄곧 내리막만을 걸었다. 훌륭한 크리스천이 되는 '정석'을 하나하나 밟아왔노라고 자부하던 터라 더욱 낙심천만이었다.

예수를 만난 뒤 우리 부부는 교회에 다니기로 작정했다. 그리스도인이라면 으레 그래야 하는 것 아닌가? 순진하게도 무작정 집에서 가까운 곳을 택했다. 크지도 작지도 않은 말끔한 교회였다. 설교가 무던히도 길었다. 교인들 가운데 사분의 일쯤은 눈을 지그시 감고 있었는데 기도 중이 아니라는 점만큼은 분명해 보였다. 그렇다고 성가대의 찬양이 깊은 예배로 끌어들일 만큼 영감에 넘치는 것도 아니었다. 어쩌면 예수와 일대일로 만났던 경험 자체가 너무나 짜릿해서 나머지는 다 시시해 보였는지도 모르겠다. 툭하면 '예수님은 이런 찬양을 좋아하지 않을 거야' 따위의 상념에 잠기곤 했다.

다행히 교회에는 주일예배 말고도 갖가지 프로그램들이 구비되어 있었다. 아내와 나는 구역모임에 들어갔다. 거기에 가면 여태까지와는 다른 차원에서 더욱 진실하게 예수를 만날 수 있을 것 같았다. 소그룹이라는 게 본래 그런 목적을 위해 존재한다고 생각했기 때문이다. 열두 제자들만 하더라도 소그룹을 이루어 예수님과 동고동락하지 않았던가!

첫 번째 모임에 참석한 날, 리더는 간단히 자기소개를 해달라고 부탁했다. 주저하지 않고 입을 열었다.

"다섯 주 전에 밀라노라는 레스토랑에서 예수님과 저녁을 먹다가 크리스천이 됐습니다. 그로부터 3주쯤 뒤에 아내는 투손Tucson으로 가는 비행기에서 예수님 옆자리에 앉는 바람에 믿게 됐고요." 그러곤 고개를 돌려 아내에게 확인했다. "댈러스 공항에서 헤어졌다가 우연히 다시 만났다고 했지?"

"커피숍에서였어요." 아내가 끼어들었다. "희한한 일이었어요. 비행기를 갈아탔는데도 그분이 또 내 옆자리에 앉더라고요. 여러분 가운데도 혹시…." 아내가 뜸을 들였다. "그런 식으로 예수를 만난 분이 계신가요?" 그런데 웬걸? 구역식구들은 그날 이후로 아내와 나를 마치 외계에서 날아온 괴물 대하듯 바라보았다.

다른 교회를 물색했다. 앞으론 예수를 만난 경위에 대해서는 함구하기로 작정했다. 적어도 크리스천들에게는 입도 뻥긋하지 말아야겠다는 결의를 다졌다.

두 번째 교회는 지난번보다 규모가 조금 작았지만 다양성이 보장되는 듯했다. 다시 구역모임에 들어갔다. 이번엔 침묵을 지킨 덕에 따뜻한 환영을 받았다. 그래도 안타깝긴 마찬가지였다. 이곳 소그룹 식구들은 예수와 생생한 교제를 나누기보다 부족하고 모자라는 점을 나누고 메우는 쪽에 더 관심이 많았다. '결혼과 가정경제' 편에 이어 '자녀양육' 편에 이르기까지 다양한 비디오 시리즈를 내리 몇 편씩 보고 돌아오던 날 밤, 난 아내에게 속삭였다. "그런 문제들쯤은 하나님과 가까이 사귀기만 해도 자연스럽게 해결되지 않나?"

남성들을 위한 제자훈련 클래스에도 등록했다. 역시나 늘 맞닥뜨리곤 했던 바로 그 문제에 부딪쳤다. 도무지 뜻이 맞지 않았다. 모임에 참석한 이들은 끊임없이 하나님에 관한 의견을 주고받았지만 백이면 백, 몇 주 전 밀라노 레스토랑에서 예수님을 인격적으로 만났던 기억과 충돌하는 내용들뿐이었다. "주님이라면, 좀 다르게 보시지 않았을까요?"라며 토를 달기라도 할라치면 무슨 정신 나간 소리냐는 식의 반응이 돌아오기 일쑤였다. 갓 크리스천이 된 주제에 감히 예수님 마음이 이러저러했을 거란 얘길 하다니 건방지기 짝이 없다는 투였다.

그러던 어느 날, 모임의 리더와 대화를 나누다가 결정타를 얻어맞았다. 요한복음 15장을 본문으로 포도나무와 가지에 관한 예수님 말씀을 공부하는 자리였다. 인도자는 단호하게 선포했다. "크리스천답게 사는 비결은 그리스도 안에 거하는 데 있습니다."

내겐 너무 생소한 의미였다.

레스토랑에서 만났을 때 그분이 깜빡하고 설명해주지 않았음에 틀림없었다. 하긴, 교회에 다니는 이들이 아무렇지도 않게 주고받는 신앙적인 대화조차 쉬 알아듣지 못하고 "그게 정확히 무슨 뜻이죠?"라고 되묻는 처지니 그럴 만도 했다. 그래도 그냥 지나칠 수는 없었다.

"어떻게 하면 그럴 수 있습니까?"

"예수님의 명령들을 지키면 됩니다." 리더가 대답했다.

아무리 곱씹어도 금방 납득이 가지 않았다. "그럼, 크리스천으로서 바른 삶을 살려면 예수님 안에 거해야 하고, 그분 안에 거하려면 크리스천으로서 마땅히 지켜야 할 규칙들을 준수하며 올바로 살아야 한다는 말씀인가요?"

어린 애를 어르듯 짐짓 인자한 미소를 지으며 인도자가 말했다. "신앙의 신비로운 속성 가운데 하나라고 할 수 있죠."

신앙의 신비라고? 천만의 말씀! 그건 꼬리에 꼬리를 무는 순환논리에 지나지 않았다.

모임에 발길을 끊었다. 혼자 힘으로 하나님께 가까이 가려는 의지만 곱빼기로 강렬해졌다. 예수님을 만난 직후에는 하나님과 시간을 보내는 게 훨씬 쉬웠다. 주님이 바로 곁에 계시는 게 또렷하게 느껴졌다. 성경을 읽으면 그날 저녁식사 자리에서처럼 내게 직접 말씀하시는 걸 실감할 수 있었다.

그런데 시간이 흐를수록 그 감각도 무뎌져갔다. 하나님이 멀리 계시는 것처럼 보였다. 세상살이에 뻔질나게 눈길을 빼앗기곤 했다. 주택부금을 내고 아이들의 학교행사에 쫓아다니는 게 홀로 주님과 더불어 조용한 시간을 갖는 일보다 중요해졌다.

어떻게 하면 다시 예전처럼 하나님과 뜨겁게 교제할 수 있을까? 말씀을 읽고 기도하면 될 것 같았다. 하지만 성경은 통 보탬이 되지 않았다. 도리어 한 장 한 장 넘길 때마다 호통 치는 소리가 들리는 것 같았다. "불합격! 행실이 엉망이잖아! 그래 가지고야 어떻게 괜찮은 크리스천이 될 수 있겠어?"

기도도 마찬가지였다. 입술을 떠난 간구는 십중팔구 천장에 부딪쳐 되돌아오곤 했다. 상대방과 왔다갔다 소통하는 게 아니라 단어들을 주절주절 쏟아낼 따름이었다. 하나님과 함께 시간을 보내는 게 마냥 공허했다. 찬양할 마음도, 감사할 생각도 없었다. 고백할 말도, 간구할 거리도 없었다.

주위에 복음을 전하거나 선교여행에 따라나서는 따위의 일들은 더 말할 필요조차 없었다. 크리스천으로 마땅히 해야 할 일들이었지만 영 내키지가 않았다. 예수님이 제시하신 풍성한 삶에 관해 이웃들에게 무슨 소리를 할 수 있겠는가? 제 한 몸 추스르기도 버거워 비틀거리는 형편이 아닌가! 아내를 깊이 사랑하거나 자식들을 제대로 보살피는 처지도 아니었다. 그렇다고 미래에 대해 뚜렷한 확신을 가진 것도 아니었다. 신앙이 실제로 하루하루 뒷걸음질치고 있다는 의식이 더 끔찍했다. 불과 얼마 전까지만 해도 아내를 목숨보다 더 소중히 여기고, 한없이 인내하는 마음으로 아이들을 대했으며, 하나님을 신뢰하고, 누굴 만나든 예수님을 소개했었다. 주님을 생각할 때마다 가슴이 뛰곤 했는데, 어쩌다 이 지경이 된 것일까?

바닥이었다. 크리스천으로서 마음에 그리던 삶을 살지 못했을뿐더러 어떻게 해야 그럴 수 있는지 실마리를 전혀 찾지 못하고 있었다. 온갖 영적인 공식을 내 몸에 맞춰봤지만 목적지 근처에도 도달하지 못했다.

진퇴양난, 옴짝달싹하지 못하는 신세였다.

가정사 역시 우울한 기분에 한몫했다. 아내는 임신 6개월이었다. 두 번 유산한 끝에 셋째를 갖게 된 것이다. 혹시라도 아기가 어찌될까 노심초사하다 여섯 달째에 들어서고 나서야 간신히 숨을 돌렸다. 다행히도 이번에는 차질 없이 예정대로 흘러가고 있었다.

또 다른 생명이 태어나려 한다는 사실이 감격스러웠지만 영적인 상태만 생각하면 순식간에 흥분이 가라앉았다. 아들딸들에게 뜨겁게 살아 움직이는 신앙을 전수해주고 싶었다. 난 예수를 실제로 만났다. 그만하면 아이들은 영적으로 아주 유리한 입장에 있는 셈이다. 그런데 이제 사리분별이 생기기 시작한 여덟 살짜리 딸아이에게 보여줄 수 있는 거라곤, 하나님과 동행한다는 게 무얼 의미하는지 감조차 잡지 못하는 내 모습뿐이다. 세 살배기 아들 녀석도 언젠가는 눈치 채고 말 것이다. 그렇다면 고작 아비의 영적 위선을 봬주려고 새 생명을 세상에 내놓는단 말인가? 그렇잖아도 자식들에게 그리스도의 실체를 삶으로 보여주지 못하고 참다운 신앙에서 동떨어진 생활을 하는 부모들이 교회마다 득실거리는 판이 아닌가? 우리 애들도 머잖아 그 대열에 합류할지 모른다는 상상만으로도 오금이 저렸다.

　남쪽으로 차를 몰아 시카고 시내를 빠져나가는 내내 이 모든 상념들이 떠올라 마음을 어지럽혔다. 한두 번 오간 길이 아니었다. 낮이었다면 미시간 호수 너머로 펼쳐지는 장엄한 스카이라인을 굽어보며 감탄에 감탄을 거듭했겠지만 이번엔 형편이 달랐다. 길바닥만 바라보며 달린 건 햇빛이 스러져 주변이 어두워진 탓만은 아니었다. 음울하게 가라앉은 내 마음이 사방을 더욱 침침하게 만들고 있었다.

　'마음이 이처럼 뒤죽박죽 헝클어져 죽을 맛인데, 하나님은 도대체 어디에 계시는 거지? 도와주시길 간절히 기도해도 들은 척도 않으시는 까닭이 뭘까? 그저 그런 크리스천으로 대충 살다가 죽길 바라시는 건가? 제아무리 안간힘을 써도 마음엔 공허감만 가득하잖아! 빛 한 줄기 비치지 않는 칠흑 같은 어둠 속에서 방향조차 가늠하지 못하고 비틀거리는 꼴이 되고 말았어.'

　절망스러운 기분이 드는 것도 무리는 아니다. 시카고 북부에 사는 아버지 어머니를 뵙고 막 돌아오는 참이었다. 어른들, 특히 아버지와 시간을 보낸 뒤에는 늘 심란했다. 화기애애하게 지내다 헤어져도 속이 편치 않을 판인데 이번엔 분위기마저 엉망이었다.

처음부터 흔쾌하게 떠난 길이 아니었다. 아내가 온갖 논리를 들이대며 등을 떠밀어대는 바람에 어쩔 수가 없었다.

"지금 당신에게 남의 부모를 만나러 가라고 하는 게 아니잖아. 집을 줄여 이사하면서 거추장스럽게 된 가구들을 물려주시겠다는데, 어떻게든 가서 받아와야 하지 않아?"

부엌까지 쫓아온 아내는 아예 식탁 건너편에 자리를 잡았다. 얼굴엔 장난스런 웃음기가 가득했다. 도저히 거부할 수 없는 강력한 압력이었다. "혼자 가기가 정 힘들면 우리 다 같이 가요. 시카고에 가서 나흘쯤 휴가 보내고 오지 뭐."

"제정신이야? 하루 이틀도 아니고 며칠씩이나 아버지랑 보내자고? 그렇잖아도 피곤해서 죽을 지경인데 까다로운 노인네와 부대끼는 짐까지 져야 해?"

"자기가 요즘 힘들어하는 거 다 알아. 하지만 그런 때는 누구에게나 있는 법이잖아."

그렇다. 별 갈등 없이 영적인 삶을 꾸려가는 것처럼 보이는 이는 아내 하나뿐이다. 매티에게는 그저 자연스러운 생활의 일부처럼 보일 따름이다.

"그리고 아버님도 예전만큼 까칠하지 않잖아. 아주 많이 부드러워지셨어."

"아버지랑 같이 있으면 어린 시절로 돌아간 느낌이 들어. 난 죽었다 깨나도 그 어른 기대치에 미칠 수가 없다니까!"

그렇지만 실랑이 끝에 결국 두 손을 들게 되는 건 나였다. 금요일에 비행기를 타고 시카고로 날아간 다음 토요일 아침에 트럭 한 대를 렌트했다. 그리고 아버지의 도움을 받아가며 가구들을 짐칸에 실었다. 하룻밤만 자고 일찌감치 신시내티를 향해 출발할 계획이었다.

처음 스물여덟 시간 동안은 모든 게 순조로웠다. 그런데 스물아홉시간 째에 들어서는 순간, 어른의 입에서 속을 뒤집는 질문이 튀어나왔다.

"그래, 너는 언제쯤 직장다운 직장을 잡을 작정이냐?"

프로야구 중계를 보고 있던 참이었다. 아버지는 텔레비전에서 눈을 떼지 않은 채 물었다.

"지금도 제대로 된 일을 하잖아요. 컨설턴트라고 말씀드렸잖아요." 울컥하는 기운이 목구멍까지 치밀었다.

"하이고, 쯧쯧!" 어른은 옥수수 칩을 살사 소스에 푹 담그며 혀를 찼다. "변변한 사무실 한 칸 없는 주제에…."

"집에서 일하든 사무실에 나가든, 제 고객들은 신경 쓰지 않아요. 이편에서 손님들이 일하는 데로 찾아가거든요."

잠시 침묵이 흘렀다. 타자가 안타를 치고 2루에 나갔다. 아버지는 눈 한 번 깜빡하지 않고 뚫어져라 화면을 바라보며 말했다. "그래, 이 불경기에 먹고살 만하기는 한 거냐?"

대답 대신 고개를 가로저어 보였다. 어른은 집요하게 물고 늘어졌다. "경기가 회복되려면 아직 한참 있어야 할 게다."

그러더니 천천히 몸을 숙여 우묵한 대접에서 칩 하나를 더 집어들었다. "하나마나한 얘기지만, 수입도 뚝 떨어지겠지. 그럼, 그렇고말고! 과연 그때도 너희 둘이서 버텨낼 수 있을지 모르겠구나."

아버지를 돌아보며 대꾸했다. "도대체 몇 번을 말해요! 우린 잘 꾸려가고 있다고요!" 말투가 절로 퉁명스러워졌다. 짜증스런 느낌이 전해지고도 남을 만큼 목소리가 치솟았다.

"하이고, 쯧쯧!" 이편의 심사를 아는지 모르는지, 어른은 연신 옥수수 칩을 소스에 찍어 입으로 가져갔다. "어떻게 하는 게 진짜 잘하는 건지 알려주랴?"

맙소사! 또 그 소리다. 환경보호국 고문변호사로 일하는 누이랑 비교하려는 것이다.

"누구 얘길 하시려고요?" 짐짓 시치미를 떼고 물었다.

"엘렌Ellen이지 누구겠니?"

하도 들어서 이젠 놀라지도 않는다.

"얼마 전에 승진했다는데, 너도 알고 있냐?"

"아뇨, 처음 들어요." 텔레비전 화면에 눈길을 박은 채 대답했다.

"경제적으로도 벌써 기반을 탄탄하게 잡았더구나. 제 이름으로 된 번듯한 집도 있고. 너희는 노후설계 같은 건 꿈도 못 꾸겠지?"

목에 핏대가 서는 게 느껴졌다. "연금에 들었는데 경기하락으로 수익률이 곤두박질쳤어요. 진즉에 말씀드렸잖아요."

"그랬지. 손해를 왕창 보고 해약해버렸다고 했던가?" 아버지는 탁자 끝에 밀쳐뒀던 맥주 캔을 집어 들고 한 모금 들이켰다. "네 처랑 아이들은 너만 믿고 사는데, 가장이란 놈이 도대체 뭘 하는 거냐? 며늘애 뱃속에 셋째까지 자라고 있는 판에. 내가 너라면 말이다…."

참다못해 자리를 박차고 일어서며 소리쳤다. "아버지는 제가 아녜요. 저도 아버지가 아니고요. 아버지가 저였더라면 여태 프루이트Pruitt 사에서 일하고 있었겠죠."

"그게 뭐 어때서? 너한테는 감지덕지지!"

"어련하시겠어요. 환경관련 데이터를 조작한 보고서를 고객들한테 내놓는 우수한 기업이죠. 아세요? 그건 심각한 범죄행위라고요!"

아버지는 다시 텔레비전으로 눈길을 돌렸다. 거실 한복판에 우두커니 서 있는 아들 따위는 벌써 잊었다는 듯 투수가 던지는 공에만 정신을 팔았다. 한참을 그러더니 다시 칩을 주워들며 말꼬리를 늘였다. "난 그냥 네가 조금만… 음… 안정이 되면 네 처가 더 행복할 것 같아서…."

"말씀은 똑바로 하셔야죠. 매티가 아니라 아버지가 행복해지시고 싶은 거 아녜요?" 부엌을 향해 성큼성큼 걸어가며 버럭 소리를 질렀다. "다시 한 번 분명히 말씀드리지만 전 지금 안정적으로 살고 있어요. 지난 9년 동안 직장을 두 번밖에 옮기지 않았다고요. 이만하면 안정된 것 아닌가요?"

자동차 열쇠를 챙긴 다음 조리대 위에 올려놨던 손가방을 주워들었다. 침실 문이 급하게 열리더니 어머니가 나왔다.

"왜 이렇게 소란스러우냐?"

서둘러 낯빛을 고쳤다. 부자간에 가시 돋친 말들이 오갈 때

단 한 번도 역성을 들어준 적이 없는 양반이기는 해도, 어머니한테까지 얼굴을 붉히고 싶지는 않았다. "제가 먹고사는 꼴이 아버지한테는 통 시답잖게 보이나 봐요."

"시답잖다고는 안 했다!" 거실 쪽에서 화난 목소리가 날아왔다. "경기가 엉망이니까 투자에 신경 쓰라고 몇 마디 한 게 그렇게 거슬리더냐?"

"됐다고요!" 미처 손 쓸 새도 없이 목구멍에서 고함이 터져 나왔다. 우당탕탕 침실로 건너가서 짐을 가방에 구겨 넣은 다음 부엌으로 돌아왔다.

"엄마, 안녕히 계세요. 주신 가구는 가져다 잘 쓸게요." 인사를 하는 둥 마는 둥 서둘러 떠날 채비를 했다.

"지금 가려고?"

"네!"

"하지만 얘야, 벌써 아홉 시가 넘었단다. 밤새 운전하다 사고라도 나면 어쩌려고."

"염려 마세요. 대학에 다닐 때는 늘 그렇게 살았는데요, 뭘." 아버지를 피해 현관 대신 마당으로 난 부엌의 쪽문을 택했다. "다음 주에 연락드릴게요."

어머니는 안타까운 눈길로 거실 쪽을 한번 바라보았다.

"아빠한테 인사라도 하고 가지 않으련? 짐 싣는 일도 거들어 주셨잖니."

"고맙다는 말씀은 아까 드렸어요." 문을 열고 댓돌을 내려서면서 쐐기를 박았다. "그럴 리가 없겠지만, 미안하단 마음이 들면 아버지가 전화하시겠죠."

문을 닫고 트럭에 올라탔다. 그러곤 두 분을 뒤로 하고 길을 나섰다. 하지만 아버지가 했던 말들까지 깨끗이 떨쳐낼 수는 없었다. '빌어먹을! 벌써 마흔 살이 넘었는데, 아직도 노인네가 하는 소리에 연연한다는 게 말이 되는 건가?' 그래도 신경이 쓰이는 건 사실이었다. 예나 지금이나 어쩌면 그렇게 한결같은지!

곱절로 기분이 상하는 건 거기에 대응한 나의 반응 때문이다. 아버지는 어떤 단추를 눌러야 내가 폭발하는지 정확히 꿰고 있었다. 그렇게 한 번씩 뻥하고 터질 때마다 크리스천의 허울이 아프게 벗겨져 나갔다. 여느 때처럼 이번에도 분통을 터트리고 말았다. 딱히 아버지를 탓할 구석은 보이지 않는다. 도무지 욱하는 법이 없는 양반이다. 남의 속을 긁는 질문을 거푸, 그것도 천진스럽게 던져댈 따름이다.

내가 예수를 만났다는 소식을 듣고도 아버지는 줄곧 누구나 한때 거쳐 가는 신앙단계쯤으로 치부했다. 그러다 말겠거니, 심각하게 받아들이지 않았다. 설령 사실이라 해도 자신의 아들이 조금도 변하지 않을 거라고 믿었다(내게는 그런 시각이 더 뼈아팠다).

잔뜩 성이 나서 어둠이 짙게 드리운 거리로 뛰쳐나왔지만 내가 가고 집안에서 펼쳐졌을 풍경이 눈에 선했다. 부엌에 들어선 어른은 냉장고에서 맥주를 꺼내며 어머니에게 한마디 했을 것이다. "이번에도 그 알량꼴량한 신앙은 제 집에다 두고 온 모양이지?"

아버지와의 충돌은 분노와 죄책감을 동시에 불러 일으켰다. 집을 향해 남쪽으로 방향을 잡았다. 오른쪽 사이드미러로 시카고의 불빛이 점점 멀어지는 게 보였다. 야경은 숨 막히게 아름다웠지만 이 도시를 떠날 때마다 늘 그랬듯, 마음엔 언제나 허전한 느낌만 가득했다.

쓰린 속을 달래려 핸드폰으로 아내에게 전화를 걸었지만 소용이 없었다. 고향집에서 벌어진 일을 뼈대만 추려 보고하자 아내가 불만스럽게 되물었다.

"그래서, 어떻게 했다고?"

"뛰쳐나왔다니까! 나한테 설교할 생각일랑 집어치워! 길을 막고 물어보라고 해, 누가 잘못했는지!"

"여보, 지금 잘잘못을 가리자는 게 아니잖아." 매티의 목소리는 단호했다. "부모님께 무조건 죄송하다고 말씀드려."

"사과를 하라고? 제정신이야? 정작 미안하단 얘길 해야 할 사람은 아버지라고. 평생 날 이런 식으로 대했다니까! 그런데 당신마저 그 노인네 편을 들겠다는 거야?"

전화기 너머로 한동안 침묵이 흘렀다. 마침내 상대편의 목소리가 들려왔다.

"더 할 말 없어요?"

"없어!"

"그럼 전화 끊고 집에서 봐요. 졸음운전하지 말고."

"끊어."

끝내주는 통화였다. 왜 다들 날 못 잡아먹어서 안달인지.

일단 기분을 바꿔야 했다. 라디오를 켜고 적절한 방송을 찾았다. 건강에 관한 토크쇼가 재미있을 것 같아서 거기다 다이얼을 맞췄다. 한 청취자가 전화를 걸어서 테스토스테론 수치가 떨어지는 문제를 상담하고 있었다. 문득 '나한테도 남성호르몬이 필요한 게 아닐까? 보충제를 사다가 자주 들이켜면 어떨까?' 하는 생각이 들었다. 진행자의 답변에 귀를 기울였

다. 해당사항이 없었다. '호르몬 문제는 아닌 모양이군!'

이어서 무좀에 관한 상담이 시작됐다. 마음이 어지러워서 방송에 집중할 수가 없었다. 이번엔 고속도로 표지판과 길가에 늘어선 광고판을 훑어가며 혼자 알파벳게임에 몰두했다. 식구들과 함께 여행할 때 자주 하던 놀이였는데 챔피언 자리는 열에 아홉, 아내의 몫이었다.

이런저런 생각을 하면서 얼마나 달렸을까? 퍼뜩 정신을 차리고 보니 휴게소를 지나치고 있었다. 얼른 연료게이지를 들여다보았다. 바늘이 아래쪽에 가 있었지만 아직 바닥은 아니었다. 도중에 기름이 떨어질 일은 없을 것 같았다. '맞아, 트럭의 연료탱크는 더 크잖아. 게다가 다음 도시까지는 30킬로미터도 안 남았고. 거기 가면 주유소가 있겠지, 뭐.' 신경 쓰지 않고 계속 가기로 했다.

그런데 10분도 안 돼서 엔진이 털털거리기 시작했다. 어쩐지 골치 아픈 일이 벌어질 것 같은 직감이 들었다. 가속 페달을 힘껏 밟아봤다. '덜컥덜컥!' 차가 요동을 쳤다. 다시 연료를 체크했다. '바늘이 언제 이렇게 내려갔지? 자동차 회사라는 것들이 연료게이지 하나 정확하게 만들지 못하고 한심하다, 한심해!'

연신 액셀러레이터를 밟아댔다. 반응이 없었다. 속도가 점점 느려졌다. 사이드미러를 살폈다. 불빛 하나 보이지 않았다. 암흑천지였다. 먹물처럼 새카만 밤, 어디가 어딘지도 모르는 데서 발이 묶일 처지였다. 어디선가 "쌤통!"이란 소리가 들리는 것만 같았다. 속도가 50킬로미터 이하로 떨어졌다. 트럭을 갓길에 붙여 몰았다. 시계를 보았다. 밤 11시 27분이었다. 이럴 때 도움을 받을 수 있는 운전자보험에 들어 있었지만 딱 한 달 전에 계약을 해지했다. '잘 했어. 아주 똘똘한 짓이었어.'

다시 사이드미러를 들여다보았다. 멀리서 헤드라이트 불빛이 다가오는 게 보였다. '나가서 손을 흔들어봐야 세워줄 차가 몇 대나 있겠어? 그렇게까지 해서 도움을 받고 싶지도 않고. 그럴 바에는 차라리 아내한테 경유를 싣고 300킬로미터쯤 달려와 달라고 부탁하는 편이 낫겠어.'

다행스럽게도 내게는 구세주, 스마트폰이 있었다. 잘만 하면 기름을 채워줄 24시간 정비업체를 찾을 수 있을지 모른다. 전화 한 통이면 냉큼 달려와서 굳어버린 팔다리를 되살려줄 것이다. 하지만 배보다 배꼽이 더 크게 생겼다. 긴급구난 비용에다가 이미 지출한 렌트 비용까지 합치면 가구를 사고도 남을 금액이 나올 게 뻔했다.

   갓길을 미끄러져가던 차가 마침내 멈춰 섰다. 운전석에 앉아 앞을 내다보았다.

   어라? 헤드라이트 불빛 속에 누가 서 있는 게 보였다. 손에 기름통까지 들고 있는 그는 바로,

   예수였다.

도로 위에서 예수를 만나다
CHAPTER TWO

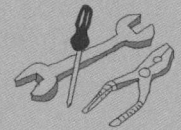

●NIGHT WITH A PERFECT STRANGER●

　보고도 믿을 수가 없었다. 너무 놀라서 한동안 말이 나오지 않았다. 함께 저녁을 먹은 뒤로, 다시 한 번 그때로 되돌아가서 그와 마주하고 싶었던 적이 얼마나 많았는지 모른다. 하지만 날이 갈수록 그 꿈은 가물가물 희미해졌다. 과연 생전에 다시 만날 수 있을지 의심스럽기만 했다.

　충격이 가시자 오만가지 감정이 한꺼번에 밀려들었다. 우선 분노가 치밀었다. 도대체 어디에 있다 이제야 나타난단 말인가! 제 힘으로 바르게 살아보려 안간힘을 쓰다가 완전히 말라비틀어질 때까지, 어떻게 무려 7년 동안이나 버려둘 수가 있는가!

다음엔 죄책감이었다. 아버지에게 보인 반응을 크리스천다운 행동이라고 말할 수는 없었다. 도리어 원한과 쉬 용납하지 못하는 완고함이 뒤섞인, 그른 행동에 가까웠다.

하지만 분노와 죄책감뿐만 아니라 희미한 소망도 자리 잡고 있었다. 잘하면 그토록 찾아 헤매던 해답을 찾을 수 있을지도 모를 일이었다.

손잡이를 당겨 문을 열기도 전에 그는 이미 트럭 코앞까지 다가왔다. 창문을 내렸다. 예수님은 웃으며 기름통을 들어보였다. "연료가 필요하죠?"

예전과 달라진 게 없는 모습이었다. 중키에 머리칼을 짧게 잘랐다. 다만 이번에는 청바지와 하늘색 데님셔츠 차림이어서 레스토랑에서 만났을 때보다 훨씬 친근한 느낌이었다.

"이 허허벌판에 기름통까지 들고 나타나신 게 우연만은 아니겠죠?"

"다음 주유소까지 가는 데 기름이 얼마나 필요한지 정도는 파악하고 있어야 하는 거 아니에요? 그런 일에까지 선지자를 보내 알려줄 순 없잖아요. 이만한 덩치를 가진 트럭이라면 1리터에 4킬로미터도 못 갈 거예요. 설마 몰랐던 건 아니죠?"

"알고는 있었는데 그만…."

얼른 차에서 내려 연료주입구를 열었다. 그는 기름통에 달린 호스를 탱크에 밀어 넣고 경유를 들이부었다. 작업이 끝나자 다시 마개를 닫고 통도 봉했다. "이쯤이면 여기서 8킬로미터쯤 떨어진 화물차 휴게소에 도착할 때까지 문제가 없을 겁니다."

"옴짝달싹 못하게 된 운전자들을 도우려고 일부러 나와 계셨군요?"

"길벗이 필요하신 모양이군요. 자리가 비었으면 옆에 앉아 가도 될까요?"

어깨를 으쓱해 보였다. 다시 그를 만난 게 뛸 듯이 반갑지만 분노의 뒤끝이 남은 탓에 감격을 최대한 자제하는 중이었다. "뭐, 안 될 것 없죠. 잠깐만 기다리세요."

조수석 쪽 문을 열고 의자 위에 올려놓았던 어린이용 흔들목마와 바닥에 뒀던 상자들을 내렸다. "자, 이리 앉으세요."

끄집어낸 물건들을 짐칸으로 옮기면서 차가 달리는 사이에 흔들리거나 굴러 떨어진 가구가 없는지 살폈다. 아직까지는 괜찮아 보였다. '긁힐까 봐 안달복달할 건 없겠어!'

운전석에 자리를 잡고 그를 돌아보며 입을 열었다. "오늘은 정장을 입지 않으셨네요?"

"이런 자리엔 캐주얼한 복장이 더 어울릴 것 같아서요."

바퀴 열여덟 개짜리 대형 트레일러가 멀리서 쏜살같이 달려와 곁을 스쳐갔다. 까마득히 먼 곳에서 헤드라이트 불빛 두 줄기가 반짝일 뿐, 고속도로는 여전히 캄캄했다. 갓길에서 차를 빼서 서서히 도로로 올라섰다.

"대화를 나누기에 썩 좋은 자리는 아니군요. 아주 시끄럽네요. 레스토랑으로 다시 한 번 불러주셨으면 좋았을 걸 그랬어요."

그는 고개를 가로저었다. "정확한 시점을 잡아서 더할 나위 없이 맞춤한 자리로 찾아온 겁니다."

"그럼, 지난번에 그랬던 것처럼 오늘 만남도 오랫동안 계획을 세워서 주선하셨다는 말씀인가요?"

"당신이 꼭 한 번, 나를 만나고 싶어 한다는 걸 알고 있었다고만 해두죠."

"아내도 다시 찾아가실 건가요?"

"아녜요. 매티는 잘해내고 있는걸요."

뒤집어 말하면 난 그렇지 않다는 뜻이다. 예수님이 조금만 더 일찍 찾아왔더라면, 나도 이 지경은 아니었을 거란 생각이

들었다.

　얼마 동안 말없이 달리기만 했다. 처음 뵙고 난 뒤로 지금까지 차곡차곡 챙겨뒀던 질문들이 산더미 같았지만 어디서 시작해야 할지 감이 잡히지 않았다. 막상 그와 나란히 앉고 보니 속썩이던 문제들이 아예 기억조차 나지 않았다. 짜증스럽고, 서운하고, 노여웠던 감정만 또렷하게 떠올랐다. 일단 거기서부터 실마리를 풀어나가기로 했다.

　"그런데 말입니다." 핸들을 잡고 있는 까닭에 그분을 돌아볼 수가 없었다. "지난 7년 동안 도대체 어디 계셨던 거죠?"

　"늘 그 자리에 있지, 가긴 어딜 가겠어요?"

　"적어도 몇 차례는 더 만나서 저녁식사를 함께하기로 되어 있지 않았던가요?"

　"누가 그러던가요?"

　"예수님이 직접 그러셨잖아요. 저에게 보내셨던 초대장에 분명히 그런 성경구절이 적혀 있었다고요. 요한계시록 3장 20절이던가? '누구든지 내 음성을 듣고 문을 열면, 나는 그에게로 들어가서 그와 함께 먹고, 그는 나와 함께 먹을 것이다'라고 하셨죠, 아마?"

　"그런데요?"

"말만 그렇게 하시곤 단 한 번도 식사자리가 없었다고요."

"그러니까, 그날 이후론 전혀 나와 더불어 앉아서 밥을 먹지 않았단 말인가요?"

"지금, 그 뭐냐, 경건의 시간 같은 걸 말씀하고 계시는 건가요? 성경을 읽고 기도하고 그런 거요?"

"그것도 한 방편이 될 수 있겠죠."

"다 해봤어요." 참다못해 고개를 돌렸다. 예수님과 눈이 딱 마주쳤다. "하지만 언제부턴가 테이블에 혼자 앉아 있는 것만 같았어요."

"그 얘길 좀 해야겠군요."

"처음 만났을 때 그렇게 될 거란 말씀을 해주셨어야 옳은 게 아닌가요?" 어느새 말에 날이 서 있었다.

왼편으로 화물차 휴게소가 나타났다. 도로에서 빠져나가 주유기 옆에 차를 세우곤 풀쩍 뛰어내렸다. 예수님은 조수석에 그대로 앉아 있었다.

그런 식으로 대화를 시작한 게 마음에 걸렸다. 하나님께 화가 난 건 사실이었다. 예수를 만난 이후로도 삶은 생각처럼 풀려나가지 않았다. 하지만 솔직히 말해서 그를 다시 만나게 되어서 얼마나 기뻤는지 모른다. 첫 만남은 시쳇말로 일생일

대의 '대박'이었다. 그런데 그 기회가 또 한 번 찾아온 것이다. 그러니 신 나지 않을 까닭이 있겠는가?

기름을 가득 채우고 운전석으로 돌아왔다. 시동을 켜고 의자에 등을 기댔다. "저기요, 까칠하게 굴어서 죄송해요. 그냥… 이미 내 맘을 알고 계실 거라고 생각했어요."

예수님은 가볍게 고개를 끄덕였다.

"크리스천으로 사는 게 너무 힘들었어요. 정말 답이 없는 것 같았어요. 그런데 예수님이 떡하니 나타나신 거예요. 이때다 싶었나 봐요."

그의 입꼬리가 살짝 위로 올라가는 듯했다. "다시 만나서 나도 기뻐요. 이렇게 육신을 입고 말이죠."

속도를 올려서 고속도로에 진입했다. 동행이 동행인지라 운전하기가 여간 조심스러운 게 아니었다. 성자 하나님이 바로 내 곁, 딱딱한 의자에 앉아 계신다. 이리저리 몸이 흔들렸지만 신경 쓰지 않으시는 눈치였다.

그러다 문득 예수님이 자리 주변을 살폈다. "입이 궁금하군요. 뭐 좀 먹을 만한 게 있나요?"

화들짝 놀란 눈으로 쳐다보며 물었다. "시장하세요? 뒤쪽 바닥에 내려놓은 자루에 사과가 있고요, 그 옆에 크래커도 한 상자 있어요."

"고마워요."

"그러고 보니, 조수석에 과자부스러기들이 떨어져 있었을 텐데, 죄송해요."

그는 몸을 굽혀 사과를 꺼내서 맛있게 먹었다. 한동안 침묵이 흘렀다. 시간이 갈수록 마음이 점점 불편해졌다. 안팎을 속속들이 헤아리시는 분, 우주를 통틀어 단 하나뿐인 존재가 여기에 있다. 선을 알아보는 건 물론이고 악을 놓치는 법도 없다. 바로 그 두려운 현실이 날 찍어 누를 듯 압박감을 주었다. 인간들 앞에서라면 내면의 실상을 감추는 게 가능하다. 아내라도 얼마쯤은 감쪽같이 속여 넘길 수 있다. 하지만 예수님이라면 얘기가 다르다. 당연히 어쩔 줄 모르고 꼼지락거릴 수밖에 없다.

한참을 버둥거리다가 결국 내가 먼저 입을 열었다. "참지 말고 어서 말씀하시죠?"

사과를 베어 물다 말고 예수님이 물었다. "무슨 말을 하라는 건지…."

"다 아시면서. 여태 생각하고 계셨던 그 말씀이요."

"그러니까 그게 뭔지 모르겠다고요."

원망스런 눈길로 바라보며 털어놨다. "어쩜 그렇게 형편없이 사느냐, 너한테 실망했다, 지난 일곱 해, 아니 적어도 몇 년간은 좀 달리 살았어야 하지 않느냐, 오늘 밤만 해도 아버지 어머니한테 그렇게 처신해선 안 되는 거였다…. 뭐 그런 얘기들이요."

"어째서 내가 그런 생각을 하고 있다고 단정 짓는 거죠?"

"꼭 물어봐야 아나요? 빤한 거잖아요. 일단 주님은 모든 걸 다 아시는 분이니까요. 아무것도 숨길 수 없단 말씀이죠."

그는 돌아다니는 종이봉투에다 먹다 남은 사과 심지를 집어넣었다. "낙심천만이란 뜻으로 들리네요, 그런가요?"

바로 그거였다. "뼈대만 추려 말하자면 그렇죠. 실망했어요. 크리스천으로 산다는 것 자체에 낙담했다고나 할까요? 저한테는 맞지 않는 것 같아요. 풍성한 삶을 주신다고 약속하지 않으셨나요? 놀리세요? 아님, 그런 축복을 누릴 수 있는 종자는 따로 있는 건가요? 여태 죽어라 노력했지만 눈곱만큼도 그런 삶을 맛볼 수가 없었어요."

이론적으로는 가능했다. "하나님 앞에서 정직하자!"는 다짐을 얼마나 많이 했는지 모른다. 사실 하나님은 모르는 게 없으시니 기도를 해도 드릴 말씀이 많지 않았다. 하지만 예수님과 다시 이렇게 나란히 앉고 보니 새삼 정직이 최선이란 생각이 들었다. 쓰라린 속내를 고스란히 드러낸 게 죄스럽다는 의식이 곧바로 쫓아오긴 했지만 말이다.

"그래, 어디가 그렇게 잘 돌아가지 않는 거예요?" 그가 물었다.

"아시면서."

"그대의 입술로 직접 듣고 싶어요."

어쩌자고 한숨이 먼저 나오는 건지! "휴… 말하자면 전부 다예요. 영적인 부분에서 말이죠. 아내랑 제가 예수님을 만나고 난 직후에는 어렵지 않았어요. 성경을 읽고 함께 기도했죠. 틈만 나면 주님에 대한 이야기를 나눴고요. 하나님이 우릴 만나주셨다는 걸 실감했으니까요. 교회에도 나가기 시작했어요. 딸애까지 온 식구가 모여서 가정예배를 드렸어요. 겨우 세 살배기였는데도 하나님 얘기만 하면 무척 좋아했어요. 율동과 함께 가스펠송을 부르며 온 집안을 돌아다니곤 했으니까요."

예수님은 환하게 웃었다. "찬양에 소질이 있나 보군요."

"교회 선교위원회에 들어가서 봉사활동도 했어요. 남선교회 프로그램에도 적극적이었죠. 다른 회원 셋과 더불어 제자

훈련을 받았어요. 세미나에도 빠지지 않았고요."

"그런데요?"

"그러는 사이에 언제부터인지 하나님과 교제하는 걸 놓치고 말았어요. 예수님과 저녁식사를 한 직후에는 교제하는 게 그렇게 좋을 수가 없었어요. 그런데 두어 해가 지나자 조금씩 부담스러워지더군요. 반드시 지켜야 할 의무처럼 느껴지더라고요. 면구스런 얘기지만 성경도 지루해졌어요. 크리스천이라면 그래야 한다니까 마지못해 공부할 따름이었죠."

잠시 망설였다. 계속해야 할지 말아야 할지 판단이 서지 않았다. 하지만 어차피 다 알고 계시다면, 내 입으로 인정하고 말고는 중요한 게 아니겠다 싶어서 좀 더 나가보기로 했다. "나중에는 기도가 천장에 부딪쳐 되돌아오는 느낌이 들 정도가 됐어요. 하나님이 나의 간구에 응답하신 게 언제였는지 가물가물해지더라고요. 어쩌면 내 편에서 눈치 채지 못했을지도 모르죠. 교회도 다니기 싫었어요. 가봤자 하나님을 만날 수도 없었거든요. 속은 그렇지 못하면서 흉내만 내는 게 이만저만 피곤하지 않았어요. 남들한테 예수님을 소개하는 건 엄두도 내지 못했죠. 무슨 말을 하겠어요. '그리스도께 나오세요. 저처럼 살아보라니까요? 끝내주게 비참하답니다'라고 떠

들어댈 수는 없잖아요."

예수님은 껄껄 웃었다. 스스로 생각해도 어처구니없는 얘기였다. 우스꽝스럽게 들리겠지만 그게 내 솔직한 심정이었다. 다시 집채만 한 트레일러 한 대가 따라붙었다. 불편하리만치 바짝 들이대더니 차선을 바꿔 앞질러갔다. 상대편 기사를 한껏 째려봐주었다. 평소 같으면 총천연색 욕설을 퍼부어 댔겠지만 예수님이 조수석에 떡하니 버티고 계신지라 꾹꾹 눌러 참았다.

"속은 그렇지 못하면서 겉으로만 멀쩡한 척하는 게 힘들었다고 했던가요? 그럼 속이 어때야 한다고 생각하는 거죠?"

"당연히 경건한 크리스천다워야 한다는 말씀이죠."

"그러니까 그 경건한 크리스천이라는 게 정확히 뭘 가리키는지…."

"말하자면 성경이 가르치는 대로 주님의 말씀에 따라 사는 이들이 아닐까요? 아내한테 심통 부리지도 않고, 내키지 않는 일을 해야 하는 경우에도 원망하지 않고, 어려운 처지에 빠진 이웃을 외면하는 게 아니라 도리어 자상하게 보살피고, 긍정적인 방식으로 주위에 하나님을 드러내며, 가까운 이들을 예수님께 인도하고, 또…." 거기까지 얘기하고 다시 백미러를 들여다보았다. "차를 몰면서 다른 기사에게 험한 욕을 하지 않는 뭐, 그런 그리스도인이 돼야 한다는 거죠."

"방금 쌩하고 지나간 트레일러 기사한테는 아무 소리도 하지 않았잖아요."

"그랬죠. 하지만 당신이 곁에 계시지 않았더라면 달랐을걸요?" 까칠한 목소리로 툴툴거리며 창문을 조금 내렸다. 시원한 바깥 공기를 좀 마시고 싶었다. 이번엔 바람소리가 너무 거세서 통 대화를 나눌 수가 없었다. 도로 창을 닫았다.

"어떤 점이 가장 힘든 거죠?" 예수님이 물었다. "크리스천이라면 이러저러하게 행동해야 한다고 믿는데 몸이 따르지 못하는 건가요? 아니면 예전처럼 하나님과 가까이, 아니 더 가까이 지내지 못하는 게 문제인가요?"

"두 쪽 다예요." 주저 없이 인정했다. "말씀하신 바로 그 두 가지가 핵심입니다. 위선적인 제 꼴을 견딜 수가 없어요. 하나님으로부터 멀리 떨어져 있다는 느낌도 힘들고요. 어떻게 해야 그분… 그러니까 당신께 다가갈 수 있는지 도통 모르겠어요. 하나님을 사랑해요. 제 생각에 그렇단 말이죠. 그런데도 만사가 다 짐스러울 따름이에요."

예수님은 고개를 끄덕였다. "똑같은 말을 벌써 두 번째 들네요."

"찬송가니 가스펠송이니 하는 음악을 더는 들을 수가 없어요. 풍성한 삶과 한없는 기쁨을 노래하지만 과연 그걸 누리고 사는 이들이 세상에 있을지 의문이군요. 아, 어쩌면 아내는 그럴지도 모르죠. 집에 가서 예전에 듣던 세속적인 음악이나 실컷 듣고 싶지만…."

"왜요, 누가 못하게 막나요?"

"죄다 쓰레기통에 처박아버렸거든요. 어느 집회에 참석했다가 들었는데, 메탈리카^{Metallica}나 R.E.M은 물론이고 사이먼 앤 가펑클$^{Simon\ And\ Garfunkel}$의 히트곡들도 하나같이 악마적인 메시지를 담고 있다고 하더라고요. 하나님 말씀에 순종하고 그 앞에서 거룩해지고 싶은 마음에 크리스천 음악을 담은 음반만 남기고 나머지는 모조리 없애버렸어요. 나중에 '2006년에 일어난 CD 대학살 사건'이라고 제 역사책에 기록될지 몰라요."

"맙소사! 사이먼 앤 가펑클은 제법 괜찮은 음반인데… 하지만 인터넷 음악 사이트를 뒤져보면 다시 다운받을 수 있을 거예요, 알고 있죠?"

나도 모르게 고개를 돌려 예수를 바라보았다. '희한하기도

해라. 내가 지금 예수님과 음악을 다운로드 받는 이야기를 나누다니! 갈릴리 언덕에선 상상도 못했던 일일걸?'

맞은편에서 두 줄기 헤드라이트 불빛이 다가왔다 사라져 가고 나서 한동안은 앞뒤로 차 한 대 보이지 않았다. 도로엔 오직 우리 둘뿐이었다.

"절 정말 약오르게 만드는 건 아내예요." 말을 끊고 한숨을 푹 내쉬었다. 쩨쩨해 보일 수도 있는 얘길 하려는 참이다. "매티의 영적인 수준을 생각하면 야속한 마음이 들어요."

"어떤데요?"

"저하고는 비교도 안 될 만큼 높으니까요."

"뭘 보고 그런 소릴 하는 거죠?"

"하나님과 교제하는 방식이 다르니까요. 늘 자신에게 솔직하고요. 성경을 봐도 한 꺼풀 더 깊이 볼 줄 알아요. 아이들을 대하는 건 또 어떻고요. 저보다 백배는 나을걸요? 죽어도 인정하고 싶지 않지만, 남편인 저보다 훨씬 나아요. 아내를 위해서라면 목숨을 버릴 수도 있어요. 뭐, 예수님이 교회를 위해 목숨을 바치신 것과 똑같은 거죠. 불쾌하세요? 잊어버리세요. 그냥 농담이에요. 아무튼 매티를 다정하게 대하고 싶은데 자꾸 옛 성품이 튀어나와요. 아내가 뭐랄까, 너무…."

일단 말을 꺼내기는 했지만 딱 부러지게 단점이라 단정 지을 구석이 떠오르지 않았다. 억지로 흠을 잡아본댔자 그가 대단한 일인 양 맞장구를 쳐줄 리도 없을 것 같았다.

"고작 두어 주 간격을 두고 예수님을 만났지만, 지금은 아내가 몇 광년쯤 앞서 있는 것처럼 보여요. 따라잡을 길도 막막하고요."

"신앙생활이 경주인 줄은 미처 몰랐네요."

"무슨 뜻인지 아시면서 왜 그러세요. 어쩌면 제 헌신이 부족했을 수도 있겠죠. 하지만 솔직히 말해서 이젠 지쳤어요. 날마다 경건의 시간을 가진들, 설교 한 편을 더 들은들, 소그룹 모임에 한 번 더 나가본들 무슨 소용이 있겠어요? 눈곱만큼도 달라지지 않는데." 그러곤 눈치가 보여서 얼른 덧붙였다. "죄송해요. 하나님과 관계가 끊어졌다고 생각하니 좀 낙담이 되서 말이죠."

"관계가 끊어졌다고요?" 그는 펄쩍 뛰었다. "말도 안 돼!"

"아시다시피 오늘 밤만 해도 아버지 어머니한테 못되게 굴었거든요. 아내한테 전화를 걸어서 퍼붓기도 했고요. 더 나쁜 건… 잘못을 고백하고 관계를 회복하는 걸 차일피일 미루고 있다는 점이에요."

말없이 창밖을 내다보기만 하던 그가 갑자기 소리쳤다. "차 세워요!"

고가도로 밑을 지나는 중이었다. 귀가 의심스러웠다. "뭐라고요? 난데없이 무슨 말씀이세요?"

"차를 세우라고요! 지금 당장 옆으로 빼세요!"

속도를 줄여가며 갓길로 들어섰다. "왜 그러세요? 뭐가 잘못됐나요?"

"내려야겠어요."

"뭘 하시게요?" 마음속에서 경계경보가 울리기 시작했다.

마침내 트럭이 멈춰 섰다. 예수님은 안전벨트를 풀고 문고리로 손을 뻗으며 말했다. "더 이상 여기 있을 필요가 없으니까요." 그러곤 풀쩍 뛰어내리더니 문을 쾅 하고 닫았다.

서둘러 벨트를 풀고 유리창을 내렸다. "도대체 왜 이러시는 거예요?" 영문을 모르니 당황스럽기 그지없었다. 그는 트럭에서 몇 걸음 물러서면서 말했다. "이젠 더 이상 서로 가까이 사귀는 사이가 아니라면서요."

예수와 친해지는
프로그램이 있나요?
CHAPTER THREE

●NIGHT WITH A PERFECT STRANGER●

"나 원 참, 대체 무슨 말씀을 하고 계시는 거예요?" 내 목소리가 저절로 높아졌다.

예수님은 팔짱을 낀 채로 대꾸했다. "그러니까 죄를 고백하지 않은 탓에 사귐이 끊어졌고 그 허물을 모조리 토해내고 용서받지 않는 한 관계를 회복할 길이 없다는 얘기죠? 그렇지 않은가요?"

"그렇습니다만⋯." 그가 말한 그대로였다. 하지만 여태 살아 계신 예수님과 대화를 나눴다는 사실과 어딘가 모르게 어긋나는 느낌이 들었다. "트럭을 타고 오는 내내 말씀드렸잖아요."

예수님의 눈썹이 꿈틀하며 치켜 올라갔다. "오호라, 그러니까…" 그는 팔짱을 풀지도 않고 몇 걸음 운전석 쪽으로 다가서면서 캐물었다. "관계는 단절됐지만 대화할 땐 또 별 문제가 없다는 뜻이군요?"

의자에 기댔던 몸을 일으키며 대답했다. "제 생각엔… 사실, 잘 모르겠어요."

그는 운전석 쪽 발판에 올라서서 창턱에 팔꿈치를 걸쳤다. "신학적인 개념들이 온통 뒤죽박죽이로군요. 알고 있나요?"

"여기저기서 주워들은 대로 말씀드렸을 뿐이에요."

"닉, 영적인 세계에는 인간의 사고방식으로는 죽었다 깨나도 해석할 수 없는 사실들이 있어요. 한 가지만 알려줄까요? 우리 사이의 관계는 천지가 무너져도 끊어지지 않는다는 점이죠."

절대로 끊어지지 않는다? 알 수 없는 소리였다. "죄를 지어도요?"

예수님은 고개를 가로저었다. "관계란 상대방과 무언가를 나눠갖는 걸 가리킵니다. 우리가 뭘 나눠가졌는지 아세요? 바로 나의 생명입니다. 날 믿는 순간, 내가 당신 마음 안에 살아 숨 쉬게 됩니다. 당신의 영과 하나가 됐다고 할까요? 영원토록 말이에요. 아무도 떼어놓을 수 없을 만큼 단단하게 결합되는 겁니다. 죄를 지어도 우리의 연결은 끊어지지 않아요. 절대로 깨지지 않는다니까요. 잠깐 하나가 됐다가 금방 분리되는 식의 관계가 아니라는 겁니다."

"그럼 죄를 용서받을 필요가 없다는 뜻인가요?"

예수님은 한숨을 내쉬며 고개를 저었다. "십자가에서 무슨 일이 있었는지 기억하세요?"

"나의 죄를 위해 당신이 돌아가셨잖아요."

"그래요, 내 덕분에 모든 죄를 용서받았어요."

"압니다. 그렇기 때문이라도 하나님 앞에서 착하게 살아야 하는 게 아닐까요?"

"닉, 당신의 죄는 완전히 씻겨나갔습니다. 그게 끝입니다. 과거와 현재와 미래의 죄가 말끔히 사라졌다고요."

"하지만… 적어도 고백은 해야…"

"성령님이 지적해주시는 잘못을 인정하지 말라는 소리가 아닙니다. 진즉에 죄를 용서받았고 우리 사이는 절대로 단절되지 않는다는 얘길 하고 있을 따름이죠." 어느새 팔짱을 낀 자세로 돌아간 예수님은 고속도로 쪽을 유심히 살폈다. "자, 그럼 다시 트럭에 올라탈까요? 아니면, 그래도 여전히 나와 관계가 끊어졌다고 생각하세요? 바깥은 제법 쌀쌀하군요."

슬그머니 웃음이 나왔다. "얼른 올라오세요!"

"오케이!" 그는 문을 열고 훌쩍 올라탔다. "걸어가고 싶지는 않았거든요."

다시 트럭을 몰고 고속도로에 진입했다.

8백 미터쯤 내려갔을 무렵, 길가에 자동차 한 대가 서 있는 게 보였다. 보닛을 활짝 열어젖힌 채 비상등을 깜박이고 있었다. 백미러를 들여다보며 내가 말했다. "돌아가서 도와주면 어떨까요?"

"내버려둬도 괜찮을 성싶어요."

나는 곁눈질로 그의 표정을 살피며 토를 달았다. "누가 어려움을 겪고 있으면 가서 힘을 보태줘야 하는 게 아닐까요? 형제의 궁핍함을 보고서도 돕지 않으면… 뭐, 그런 식의 말씀을 하신 적도 있지 않았던가요?"

"아까 보니 보험회사에 전화하더군요."

도로 표지판이 나타났다. 인디애나폴리스까지 125킬로미

터가 남았다. 신시내티까지는 거기서 두 시간쯤 더 가야 한다. 그가 도중에 내리지만 않는다면, 세 시간 남짓 궁금한 걸 여쭤볼 여유가 있는 셈이다.

"저한테 특별히 하실 말씀 없으세요?"

"지금 벌이고 있는 당신의 영적 씨름에 관해서 말인가요?"

나는 고개를 끄덕이며 말했다. "어떤 조언이든 듣겠어요."

"뭔가 힘을 모아 처리해야 할 일이 당신 삶 가운데 있다는 뜻처럼 들리는군요. 그런가요?"

깊은 숨을 몰아쉬며 짧게 대답했다. "맞습니다."

"그럼 함께 계획을 세워봅시다."

순간, 기대감이 마음에 차올랐다. 기획이라면 웬만큼 자신이 있었다. 이래봬도 경영 컨설턴트가 아닌가! 전략을 짜서 시행하게 하는 일이라면 웬만큼 자신이 있었다. 역시, 예수님과는 말이 통했다.

"좋습니다. 어디서부터 시작할까요?"

그는 자리에 앉은 채 내 쪽으로 몸을 돌렸다. "중요한 이슈부터 풀어나가기로 하죠. 경건의 시간이란 주제에서 시작할까요? 요즘 형편이 어때요?"

그 얘길 꺼낼 줄 알았다. "썩 좋지는 않아요. 예전엔 꼬박꼬박 경건의 시간을 가졌죠. 일찍 일어나서 성경말씀을 읽고 찬양을 드린 다음, 깊이 기도하곤 했어요. 그런데 지금은….”

"규칙적인 리듬을 되찾고 싶다는 소리처럼 들리네요. 하루도 거르지 않고 하나님과 만나길 바라는 거죠? 한 번에 어느 정도 시간을 갖는 게 좋을까요?"

'한 시간!'이라는 소리가 목구멍까지 올라왔다. 그쯤은 돼야 하나님과 더불어 교제했다고 말할 수 있을 것 같았다. 하지만 20분만 지나도 온몸을 뒤틀며 몸살을 하는 게 현실이었다. 결국 절충점을 택했다. "한 40분 정도면 어떨까요? 일어나자마자 곧바로요."

그도 흡족한 눈치였다. "괜찮군요. 그 시각이면 아이들은 아직 자고 있겠죠?"

"물론입니다." 헬스클럽에 들러 잠깐 운동하고 업무를 시작하는 것조차 버거울 만큼 분주한 아침이지만, 분초를 쪼개 경건의 시간을 갖곤 했던 과거의 경험을 생각하면 못할 것도 없겠다 싶었다. 머릿속으로 부지런히 계산기를 두들겨보았다. "적어도 5시 20분에는 일어나야겠어요. 혹시 괜찮은 기도 패턴을 알고 계시면 하나 추천해주시겠어요?"

예수님은 손을 내저었다. "지금은 뼈대만 추리기로 하고 살은 나중에 붙입시다. 경건의 시간은 그만하면 됐고… 시간을 따로 떼어서 성경을 읽는 계획을 잡아보면 어떨까요?"

성경공부 프로그램을 제대로 좇아가려면 통독이 기본이라는 건 나름대로 알고 있었다. "부끄러운 얘기지만 작년, 아니 재작년부터는 많이 읽지 못했어요. '1년 1독 성경읽기 표'를 받아두긴 했지만 써본 적은 없어요. 아직까지는 그랬죠." 문득, 하루 20분이면 뒤집어쓸 일을 여태 못했다는 자책감이 들었다.

"좋아요, 마음 단단히 먹고 덤벼보자고요. 그런데 성경암송은 어떻게 하고 있어요?"

"일주일에 세 절씩 외우고 복습합니다."

"구절구절 따로 외우기보다 긴 본문을 뭉텅이로 암송하도록 해보세요. 아마 한 주에도 몇 곱절은 더 암송할 수 있을 거예요."

멋진 아이디어였다. 개인적으로도 산상수훈 전체를 달달 외우고 있으면 좋겠다는 생각을 한 적이 있었다. "오, 마음에 들어요! 죄송하지만 저 대신 좀 적어주실래요? 앞에 콘솔박스를 열면 펜이 있을 거예요."

"염려 말아요, 하나도 빼놓지 않을 테니." 그는 펜을 꺼내더니 렌터카 계약서 뒤에다 요점을 추려 기록하기 시작했다. "오케이, 이번엔 집중적으로 성경말씀을 공부하는 문제를 이야기해봅시다."

숨이 턱 막혔다. "뭐, 남성들을 위한 성경공부 반에 다시 들어가면 되겠죠. 지루할 때도 많더라고요. 그래도 말씀 속으로 더 깊이 들어가게 하는 면은 확실히 있는 것 같아요."

"한 번에 얼마만큼이나 말씀을 붙들고 앉아 있는 편이죠?"

"QT처럼 혼자서 숙제하듯 공부하는 시간 말씀이세요? 하루에 한 30분쯤 될까요? 그나마도 날이 갈수록 짧아지는 추세예요."

화물차 휴게소를 지나쳤다. 저도 모르게 연료게이지로 눈이 갔다. 눈금이 사분의 일밖에 내려가지 않았다. 다시 난감한 처지에 빠지지 않도록 조심할 필요가 있었다.

예수님은 무언가를 써내려가느라 여념이 없었다. "그건 됐고… 음… 교회 출석은 어떻게 하고 있어요?"

'주일성수'야말로 그나마 낙제를 면하고 있는 분야였. "아내랑 주일마다 꼬박꼬박 예배와 아침 성경공부 모임에 참석하고 있습니다. 마음만 먹으면 수요기도회에도 나갈 수 있겠지요."

"하지만 금요일 아침에 모이는 남성 성경공부에도 등록했다고 하지 않았던가요?"

대답 대신 고개를 끄덕였다.

"그만하면 됐습니다." 그가 마무리했다. "오케이, 그 모임도 짚고 갑시다. 식구들끼리 진심으로 서로를 보살피고 책임져주는 분위긴가요? 삶의 전 영역에서 바른 길을 가도록 붙들어줍니까?"

이번엔 고개를 가로저었다. "한계가 있는 것 같아요. 하지만 제자훈련 프로그램이 있는데, 거기서는 그렇게 하고 있더군요. 훈련을 돕는 리더가 한 사람 한 사람을 책임지니까요."

"일주일에 몇 번쯤 리더를 만나고 싶으세요?"

"제 생각에는 한 번이 좋겠어요. 주중에는 전화로 계속 연락하고요."

"그럽시다." 예수님은 그 내용도 기록했다. "닉, 이제 받기만 할 게 아니라 베풀기도 해야 합니다. 주변 인물 가운데 그리스도의 제자로 키워낼 만한 재목이 있나요?"

사실, 제자 삼는 일은 오랫동안 내공을 쌓은 뒤에야 비로소 감당할 수 있는 마지막 과제로 여기던 터였다. "얼마 전부터 대학에 다니는 남학생 둘을 염두에 두고 있었어요. 그들과 우리 집에서 성경공부를 해보면 어떨까 해서요. 장담할 순 없지만, 제가 그 친구들보다는 신앙적으로 한발 앞서 가고 있는 것 같거든요."

그는 천진난만하게 웃으며 말했다. "그건 그래요. 그럼 언제 만날 거예요?"

"주말을 피해서 저녁에 모이려고요. 목요일이 좋겠네요."

"최고예요. 역시 베풂과 관련된 얘긴데, 전도는 어떻게 하고 있어요?"

갑자기 어깨가 축 늘어지는 기분이 들었다. "복음을 전하는 데는 소질이 없나 봐요."

"마지막으로 누군가를 내게 데려온 게 언제죠?"

"3년 전인가? 아니, 그보다 더 됐던가? 아내와 함께 이웃에 사는 친구들을 불러서 저녁을 먹으며 복음을 전한 게 끝이었어요."

"얼마나 자주 그런 자리를 마련할 수 있을까요?"

"매…" 첫마디만 꺼내놓고 뜸을 들였다. 뒤에다 '일'이나 '주'를 붙이기에는 부담스러웠다. "매월 한 번씩 하면 어떨까요?"

"좋고말고요. 백점입니다. 이젠 가족의 영적인 삶을 어떻게 꾸려갈지 정리해보죠."

그러곤 가족과 함께 하나님을 예배하고 섬길 계획을 세워 나갔다. 아이들과 함께 매일 15분씩 주님을 묵상하는 일부터 해보기로 했다. 또 최소한 1년에 한 번씩은 아이들을 데리고 해외로 선교여행을 가기로 했다. 독서에도 신경을 쓸 필요가 있었다. 우선 소문난 경건서적들을 골라서 날마다 잠자리에 들기 전에 30분씩 읽기로 했다. 영적인 리더십을 가지고 집안을 이끌어가는 것 역시 중요한 과제였다. 아내와 함께 하루에 15분씩 말씀을 나누고 기도하는 시간을 가지기로 했다. 웬만큼 틀이 잡혔다는 느낌이 들었다. 다음 이슈로 넘어가도 좋을 법했다. 물질을 나누는 문제를 다룰 차례였다.

"2년 전까지만 해도 소득의 10퍼센트를 떼서 십일조헌금을 드렸어요. 그런데 한동안 아내가 병원에 자주 들락거리면서 의료비 부담이 크게 늘어난 거예요. 궁지에 몰리니까 헌금부터 줄이게 되데요. 그 뒤로 여태껏 예전의 헌금 수준을 회복하지 못하고 있어요."

"소득의 십분의 일이라는 게 교회에 드린 헌금만을 가리키는 건가요? 아니면 남을 위해 사용한 비용 전체를 뜻하나요?" 예수님이 질문했다.

"남을 위해 쓰는 돈 전체죠. 혹시 교회에 10퍼센트를 드리고 추가로 다른 봉사단체에도 후원금을 보내야 한다는 취지로 물으시는 건가요?"

그는 어깨를 한 번 으쓱하고 말했다. "이참에 확실하게 정리해두고 싶으신 모양이군요. 선생이 십분의 일을 떼는 건 세금을 공제하기 전과 후, 어느 쪽이죠?"

"물론 세금을 제한 뒤에요." 일단 대답을 해놓고 예수님의 눈치를 살폈다. "세금을 내기 전 금액을 기준으로 십일조를 드리는 게 옳은가요?"

"글쎄요, 그건 마음의 문제란 생각이 드는군요."

맙소사! 세금을 떼기 전을 기준으로 10퍼센트라니! 그러자면 엄청난 희생을 치러야 했다. 머릿속 전자계산기가 또다시 분주하게 움직이기 시작했다. 아내와 나는 둘 다 프리랜서였으므로 누진세율이 50퍼센트 이상 될 수도 있었다. 이제부터 세전 수입에서 십일조를 드려야 한다면 집에 가져가는 순수입을 기준으로 20퍼센트가 넘는 액수를 바쳐야 한다. 그것도 오로지 교회에 바치는 헌금만 그렇다. 거기다 다른 기관에도 지원금을 보내야 한다면… 도대체 우린 뭘 먹고 살라는 얘긴가?

복잡한 생각을 일단 접어두고 대화에만 신경을 쓰기로 했다. 시간 관리, 조직력, 예산을 세워서 재물을 규모 있게 쓰는 훈련, 권위에 대해 순종하는 마음가짐, 부부가 친밀한 시간을 보내는 비결, 대중문화를 즐기는 원칙 따위에 관해 이야기를 나누다 보니 어느새 라파예트Lafayette 시내로 진입하고 있었다.

　"그런대로 괜찮군요." 마침내 예수님은 내게 합격점을 내렸다. "오늘은 이쯤에서 만족해야겠어요. 아직 나누지 못한 얘기가 산더미지만, 할 수 없지 어쩌겠어요."

　나올 만한 주제는 다 나온 것 같은데 무슨 말씀인지 도통 감이 잡히지 않았다. "예를 들면 뭐가 있을까요?"

　"하긴, 당장 온갖 이슈를 다 다룰 필요는 없겠지요."

　나로서는 불만이 없었다. 이만하면 할 말은 다 했다. 무엇보다도 예수님의 조언을 받아가며 영적인 삶을 꾸려갈 계획을 짰다는 게 한없이 기뻤다. 심지어 손수 적어주기까지 하셨으니 더 말해 무엇하겠는가!

　그는 요점을 간추려 적은 종이를 잘 접어서 건네주었다. 실내등을 켜고 내용을 훑어보았다. 위험천만한 짓이었지만 예수님이 교통사고가 나도록 내버려둘 것 같지는 않았다.

　머릿속 계산기가 다시 돌아갔다. 경건의 시간을 갖는 데

40분, 아이들과 묵상하는 데 15분, 아내와 예배를 드리는 데 15분, 성경읽기에 20분, 말씀을 공부하는 데 적어도 30분, 경건서적을 읽는 데 30분… 도합 2시간 30분이었다. 남성 성경공부 모임과 제자훈련 프로그램에 참석하고, 믿음을 세우고 격려하기 위해 전화하고, 대학생들과 만나서 대화하고, 이웃을 저녁식사에 초대해서 복음을 전하고, 아내와 내밀한 관계를 꾸려가고, 성경을 암송하는 시간은 아예 계산에 넣지도 못했다.

마음이 천근만근 가라앉았다. 말없이 앞만 보며 차를 몰았다. 그렇잖아도 눈코 뜰 새 없을 만큼 정신없이 하루가 돌아가는 판인데 거기에 세 시간짜리 스케줄이 추가될 판이다.

참다못하고 주님을 돌아보며 물었다. "근데, 프로그램대로 따라가기가 몹시 버거울 것 같아요. 그렇지 않으세요?"

예수님도 내 쪽으로 고개를 돌렸다. 눈길이 딱 마주쳤다. "닉, 잘 생각해봐요. 내가 세상에 있을 때, 프로그램을 좇아 산 적이 있었던가요?"

예수 믿지만 죄는 짓습니다

CHAPTER FOUR

●NIGHT WITH A PERFECT STRANGER●

환하게 불을 밝힌 대형 간판이 창밖으로 스쳐 지나갔다. 화려한 문구가 한눈에 쏙 들어왔다.

> 에로스 성인 비디오방
>
> 무지갯빛 판타지의 세계로 여러분을 초대합니다.
>
> 연중무휴 24시간 오픈!
>
> 130번 게이트에서 10킬로미터 직진하세요.

여기부터 인디애나폴리스까지는 한 시간 반 거리였다.
곁눈질로 예수님의 안색을 살폈다. 뚫어져라 앞만 보고 있

었다. '못 보셨나? 저 얘기만큼은 제발 꺼내지 말았으면 좋겠는데….'

나는 얼른 말이 끊긴 지점으로 돌아가서 다시 대화를 이어가기로 했다. "그러니까, 여태 잡은 계획들을 실행에 옮기지 말라는 말씀이신가요?"

"목표에 도달하기 위한 도구로서는 나무랄 데 없죠. 하지만 순서가 바뀌었어요. 어디가 잘못됐는지 정말 알고 싶어요?"

"예, 말씀해주세요."

"출발점이 항상 당신에게 있다는 점이 문제죠. '마음가짐을 이러저러하게 바로잡아야겠어, 경건해지려면 이만저만한 일을 해야 해'라고 생각하는 겁니다. 그러니 뜻대로 일이 풀릴 리가 없죠. 거룩한 삶의 출발점은 당신이 아니라 바로 납니다."

두말하면 잔소리다. 예수님이 처음이자 끝이라는 소리는 귀에 못이 박이도록 들었다. "압니다. 하지만 그래서 뭘 어떻게 하라는 거죠?"

예수님은 고개를 절레절레 흔들었다. "뭘 하느냐가 중요한 게 아니에요. 여기에 핵심이 있어요. 어째서 매티의 영적인 삶은 늘 순조롭고 부드럽게 돌아가는데 당신은 이렇게 덜커

덩거릴까, 궁금하지 않아요?"

"궁금하다마다요." 왜 아니겠는가? 꿈에서라도 풀고 싶었던 매듭이었다.

"우리가 처음 만나고, 두 해쯤 지나면서부터 당신은 날 빨리 해치워야 할 과제처럼 대했어요. '이것도 해야 하고 저것도 해야지! 이 프로그램에도 들어가야겠네?' 하며 지금까지도 영적인 숙제만 계속하고 있잖아요."

"교회에 다닌다는 이들은 다들 그렇게 하잖아요. 전 그냥 따라했을 뿐이라고요."

예수님은 고개를 끄덕였다. "압니다. 하지만 그런 식으론 해결이 나지 않아요. 닉 스스로가 열쇠가 되려 하기 때문이죠. 반면에 매티는 나와의 특별한 관계를 항상 기억했어요. 언제든 속 터놓고 대화할 수 있는 인격적인 상대가 있으니, 굳이 프로그램에 매달릴 필요가 없었던 거예요. 매티에 필요한 건 예수뿐이었다는 뜻입니다."

"그렇지만 저도 주님과 가까이 지내려고 무진 애를 썼다고요!" 실망감을 감출 수가 없었다. "다만 방법을 몰랐을 뿐이죠. 어떻게 해야 하는지 아무도 가르쳐주지 않았어요."

"성령님이 당신 속에 살고 있는 까닭이 바로 거기에 있습니다."

무언가 말을 하려는데 예수님이 손을 들어 제지했다. "하지만… 지금은 내가 여기에 있으니 조금은 힘을 보태드릴 수 있을 겁니다."

도로 표지판이 다시 눈에 들어왔다. 다음 나가는 길이 130번 진출로란다. 얼추 근처에 이르렀을 즈음, 예수님이 몸을 기대며 은근히 말했다. "나갑시다!"

의아스러운 눈길을 보내며 되물었다. "여기서요?"

"그래요, 이번에 나가자고요!"

깜빡이를 켜고 진출로에 들어섰다. 이어지는 도로의 신호등이 붉은 색으로 바뀌었다. 대각선 쪽으로 커다란 휴게소가 보였다. '화장실엘 가고 싶으신가?' 왠지 모르게 꺼림칙한 느낌이 들었다.

"똑바로 갈까요? 아니면 오른쪽이나 왼쪽으로?"

"직진합시다."

'어라? 직진이라고?' 시키는 대로 교차로를 건너 곧바로 달렸다. 100미터만 내려가면 오른편에 성인 비디오방이 있었다. 저 멀리 숍이 보이자 예수님이 다급히 말했다.

"오른쪽에 붙이세요!"

"포르노 숍에 가시려고요?"

예수님은 빙그레 웃으며 다그쳤다. "어서 우회전하라니까요." 차를 길가로 뺐다. 불편하기 이를 데 없었다. 아주 난감한 상황이었다. 한쪽에 주차된 대형 트레일러 옆에다 차를 세웠다. 비디오방이 코앞이었다. 한동안 말없이 앉아 출입구를 바라보았다. 한 남자가 문을 열고 나오더니 이편을 흘낏 쳐다보곤 주차장을 가로질러 걸어갔다.

이어서 또 다른 사내가 비디오방을 나섰다. 청바지에 긴팔 면 셔츠를 걸친 50대였다. 이쪽으로 돌아서서는 잰걸음으로 다가왔다. 애써 시선을 피하는 기색이 역력했다. 남자가 우리 트럭과 트레일러 틈으로 들어서자 예수님은 부지런히 손을 놀려 창문을 내렸다. 사내는 눈길 한번 주지 않고 묵묵히 운전석으로 올라가는 발판에 한 발을 올려놓았다.

"하나님을 믿는 분이시군요. 그렇죠?" 예수님의 음성이 허공을 가르는 순간, 하마터면 나는 자리에서 튕겨나갈 뻔했다.

상대는 움찔했지만 대꾸하지 않고 운전석 문을 열었다.

"하나님을 믿는 분이시죠? 맞죠?" 예수님은 똑같은 말을 되풀이했다.

남자는 몸을 돌려 의심어린 눈초리로 예수님을 마주보았

다. "그래요. 그렇다고 볼 수도 있죠. 맙소사, 여기서 그런 소리를 듣게 되다니! 근데, 어떻게 아셨소?"

"다 아는 수가 있지요. 이봐요, 우린 휴게소에 가서 간단히 요기를 좀 할 참입니다."

'우리라니, 무슨 말씀?'

"함께 가지 않을래요?"

포르노 숍에서 만난 낯선 인물에게 커피를 마시러 가자고 청하는 사람이 또 있을까? 그럼에도 불구하고 예수님이 말씀하시니 그 기괴한 초대마저도 뭐랄까… 자연스럽게 들렸다.

딱 한 번 흘깃 날 쳐다본 뒤로 트레일러 기사는 줄곧 예수에게만 눈길을 주었다. 낯빛이 조금 부드러워진 것 같았다. "오밤중에 이런 데 와서 말상대를 찾다니, 희한한 일이구려."

"그분은 가끔 전혀 예상치 못한 것들을 선사하시죠."

"뭐하는 분이쇼? 목사나 뭐 그런 거요?"

"대충 비슷해요. 양을 치거든요."

사내는 저만치 떨어진 화물차 휴게소 쪽을 잠시 돌아보고는 고개를 돌려 말했다. "까짓것, 갑시다. 거기서 황당한 일을 당한들, 이보다 더하겠소?"

"그럼 거기서 봐요."

예수님은 창문을 도로 올리며 내게 물었다. "괜찮죠?"

"뭐가요?"

"간단히 요기하는 거요."

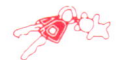

차를 돌려 스물네 시간 식당을 여는 화물차 휴게소로 돌아갔다. 네 명이 앉는 식탁에 예수님과 마주앉았다. 몇 분 뒤에 트레일러 기사가 차를 세우고 들어와서 내 옆에 자리를 잡았다. 돌아가면서 자신을 소개했다. 남자의 이름은 래리Larry였다.

"그냥 제이Jay라고 부르세요." 예수님이 사내에게 말했다.

이렇게 구태의연한 사교모임은 난생처음이건만, 예수님은 마냥 편안하신 모양이었다. 여종업원이 한없이 심드렁한 표정으로 다가와 커피를 따르면서 수천 번 되풀이했음직한 질문을 던졌다. "뭘 드시겠어요?"

다들 입을 꾹 다물고 눈으로 메뉴를 훑었다. 예수님이 가장 먼저 입을 열었다. "블루베리 파이 한 조각 주세요, 베티Betty."

저도 모르게 아가씨의 이름표로 눈이 갔다.

"블루베리 하나!" 웨이트리스가 받아 적었다. "아이스크림

얹어드릴까요?"

"어느 쪽을 좋아해요?" 예수님이 베티에게 물었다.

"손님이 잡수실 거니까 손님이 정하셔야죠. 전 가져다 드리기만 하거든요."

"그럼 아이스크림 없는 걸로요." 그는 웃음기 가득한 목소리로 대답했다.

"블루베리 파이, 보통으로!"

여종업원은 래리와 내 쪽으로 몸을 돌렸다. 우린 코코넛 크림을 골랐다. "코코넛 둘!" 아가씨가 복창했다. "금방 대령하겠습니다."

홀짝홀짝 커피를 들이마시다 래리가 침묵을 깨고 입을 열었다. "어쩌다 여기 이렇게 주저앉게 됐는지 모르겠군. 이건 정상이 아녜요. 그럼, 넋 나간 짓이고말고. 내일 아침까지 내슈빌에 도착하려면 아직도 가야 할 길이 멀단 말이오."

"뭘 싣고 있는데요?" 가벼운 대화를 나누는 편이 안전할 것 같았다.

"가구요." 사내가 대답했다. "정확하게는 가구 부품들이지. 현지에서 조립해 매장에 내놓도록 돼 있는 것들이죠."

"그래요? 나도 가구를 나르고 있어요." 래리와 눈이 마주치는 순간, 문득 일대일로 비교하기에는 규모 차이가 너무 크다는 생각이 들었다. 상대는 바퀴가 열여덟 개나 되는 대형 트레일러를 몰고 있는 반면, 나는 기껏해야 4미터도 안 되는 트럭을 운전 중이다. "물론 성격은 좀 달라요. 전 집안에서 쓰던 집기들을 나르고 있거든요."

"어른이 돌아가셨나요?"

"아니에요. 집을 줄여 이사하는 바람에 가구가 남았을 뿐입니다."

웨이트리스가 파이를 가져왔다. 예수님이 대표로 인사했다. "고마워요." 종업원은 다시 카운터로 돌아갔다.

파이를 한 입 베어 무는데 래리가 화제를 바꿨다. "그래, 댁들은 거 뭐냐, 일종의 중재 팀 같은 겁니까?"

돌아보니 예수님은 활짝 웃고 있었다. 그는 남자를 돌아보며 말했다. "오래도록 중재하는 일을 해온 건 사실입니다."

"그럼 내 아내가 보내서 왔소?"

예수님은 빙긋 웃으며 고개를 가로저었다. "천만에요. 잘못 짚으셨어요."

7년 전에 내게 찾아왔을 때와는 달리, 이 사내에게는 정체를 드러내 보일 계획이 전혀 없는 것처럼 보였다. 예수님과 처음 만난 자리에서 내가 그랬던 것처럼 래리도 주님을 믿으려들지 않을 게 뻔했다. 어쩌면 예수님도 그 점을 잘 알고 있을지도 모른다.

래리는 날 쳐다보며 물었다. "그래, 댁들은 여기에 무슨 일로 왔소?"

"저는… 음…." 예수님이 스스로 실체를 밝히지 않는다면 나로서는 더더군다나 할 말이 없었다. 이 자리에 있는 까닭을 어떻게 설명해야 할지 고민하다 겨우 입을 뗐다. "고속도로에서 기름이 떨어졌어요. 그때 제이가 나타났죠. 가던 길을 멈추고 절 도와준 거예요."

"그럼 뭐야, 두 양반도 오늘 처음 본 사이라는 거요?"

예수님과 다시 눈이 마주쳤다. 주님은 느긋하게 말을 아꼈다.

"아니요." 내가 말했다. "7년 전에 만났어요."

"와, 우연치고는 정말 대단하군! 어디에서요, 교회에서?"

"아니에요. 신시내티에 있는 레스토랑이었어요. 제가 사는 동네죠."

"그런데 좀 민망한 느낌이 드는군. 함께 신앙생활을 하는 크리스천들을 포르노 숍 주차장에서 만나다니 말이오."

"특별히 이상할 것도 없습니다." 예수가 대답했다. "예전에도 거기서 그리스도를 믿는 이들을 만난 적이 있을걸요? 장담할 수 있어요. 다만 서로 몰랐을 따름이죠."

사내는 예수님을 물끄러미 마주보았다. "그래요, 아마 그랬을 거요. 한심한 노릇이죠. 그렇지 않아요?" 코코넛 크림 파이를 입 안 가득 구겨 넣고는 말을 이었다. "혹시 내 포르노 중독증을 치료하러 오셨거들랑 얼른들 포기하쇼. 지금껏 백방으로 애써봤지만 다 허사였거든요."

"실은 별 뜻 없이 어슬렁거리던 중이었어요." 예수님은 날 보며 말을 이어갔다. "닉, 당신의 사연을 좀 들려주시지 그래요. 어쩌다 무신론을 버리고 그리스도를 믿게 되었는지, 그때부터 삶이 어떻게 달라졌는지 얘기해보세요. 이분도 아주 흥미로워하실 것 같군요."

'갈수록 태산이네. 그러려면 문자 그대로 주님을 만난 경험담을 털어놔야 하는데, 이것 참… 에라, 모르겠다.'

"아까 말씀드렸듯이 저는 7년 전에 예수님을 만났어요."

래리가 바로잡았다. "아니죠. 댁은 7년 전에 제이를 만났다고 했지요."

난처한 눈길로 예수를 돌아봤다. 입가에 미소를 머금은 채

아무 말씀이 없었다. '허둥대는 꼴을 즐기고 계신 거 아냐?'

"맞아요." 더는 버틸 수가 없었다. "그 말이 그 말이에요." 그러고는 내 성장배경을 조금 설명했다. 이런저런 식구들이 있었고, 시카고에서 성장했으며, 아버지를 따라 컵스Cubs 팀의 야구시합을 보러 갔었다는 따위의 얘길 했다.

"컵스 팬이라고요?" 래리의 눈이 휘둥그레졌다. "미리 들었으니 다행이지, 하마터면 댁을 좋아할 뻔했네!" 장난기가 가득한 말투로 퉁퉁거리더니 뒷주머니에서 야구모자 하나를 꺼내 머리에 뒤집어썼다. 시카고 화이트 삭스Chicago White Sox 캡이었다.

"그럼 기사님도 저만큼이나 애를 태우셨겠어요."

래리는 펄쩍 뛰었다. "무슨 말씀을! 우린 2005년 월드시리즈에서 단 네 게임 만에 우승컵을 차지했어요. 컵스가 마지막으로 우승한 게 언제였더라?"

이쯤에서 손을 드는 편이 나았다. "루즈벨트 대통령 때였죠. 시어도어 루즈벨트 말이에요. 중요한 건 좋아하는 팀을 응원하는 마음이죠."

래리가 고개를 젖히며 껄껄 웃었다. "오케이, 거기까지 합시다. 적어도 지금은 특별히 봐드리리다. 자, 아까 하던 얘기나 계속해봐요."

야구팀을 사이에 두고 시카고 시민들이 벌이는 해묵은 입씨름 따위는 신경 쓰이지 않았다. 상대팀을 욕하고 그만한 욕을 얻어먹으며 보낸 세월이 벌써 40년이었다. 개인적인 이야기로 되돌아갔다. 아내 매티와 결혼하고, 아이들을 낳아 기르고, 기독교에 적대적인 감정을 품었던 내력을 담담히 고백했다. "그러다 예수님을 만났어요."

"하나님을 그토록 미워했던 댁한테 예수님이 오셨다고요? 어떻게 그럴 수가 있죠?"

"아주 개인적이고 인격적인 방식으로 모습을 보이셨어요. 그리스도가 허상이 아니라 살아 숨 쉬는 존재라는 걸 알게 된 거예요."

"그래서 어떻게 됐는데요?"

절로 한숨이 나왔다. 지난 몇 년 동안 벌인 영적인 씨름 이야기를 피해갈 도리가 없었다. 축약형으로 대충 간추려 설명했다. 사연을 들으면서 래리는 연신 고개를 끄덕였다. 마치 똑같은 일을 수없이 겪었다는 투였다.

"짐작하셨겠지만." 결국 끝까지 숨겨뒀던 비밀까지 털어놓았다. "성적인 죄 때문에 고민이시죠? 저도 그랬어요."

사내의 눈썹이 치켜 올라갔다. "댁도 포르노그래피에 발목을 잡혔다고?"

"지금은 아니고요. 결혼하기 전에는 애용하는 편이었죠. 여러 여자와 잠자리를 하기도 했습니다." 슬쩍 예수님의 눈치를 보았다. 오해의 소지가 있는 표현을 사용한 게 꺼림칙했다. "실은, 결혼한 뒤에도 그랬어요."

"바람을 피웠단 뜻이요? 아내가 생긴 뒤에도?"

"아니, 아니! 포르노그래피 말이에요. 예수를 만나고 나서야 간신히 끊었으니까요." 예수님께 바통을 넘기거나 그만 입을 다물고 싶은 마음이 굴뚝같았다. "예수님을 만나고…" 같은 말을 되풀이하며 시간을 끌었다.

래리가 고개를 가로저었다. "그렇게 딱 잘라버릴 수만 있으면 바랄 게 없을 텐데… 그래, 그 뒤론 유혹이 없었나요?"

결혼반지를 내려다보며 말을 이었다. "그랬더라면 얼마나 좋았겠어요. 작년부터는 생각보다 많이 흔들리더군요. 출장이라도 갈라치면 유난히 힘들었어요. 어느 호텔을 가든 마음만 먹으면 포르노를 볼 수 있으니까요. 지난번 출장길에는 성인 비디오 맛보기 필름들을 두루 살피기까지 했다니까요. 시청료를 확인하고서야 간신히 집어치웠죠."

"그래도 그만뒀으니 장한 일이지!"

"지갑이 얄팍했을 따름이죠." 예수님을 또 한 번 흘낏 쳐다본 뒤에 다시 시작했다. "거리에서든 잡지 판매대에서든, 늘씬한 여자만 보면 좀처럼 눈길을 뗄 수가 없었어요."

혹시 누가 들을까 싶어서 두리번거렸지만 주위엔 개미새끼 한 마리 얼씬거리지 않았다. 식당 반대편에선 트럭 기사 하나가 외로이 앉아 커피를 마시고 있었다. 물건들을 쌓아놓은 통로 너머에서 비디오게임을 하는 소리가 희미하게 들렸지만 크게 신경 쓰이진 않았다. "크리스천이 되기만 하면 정욕이 완전히 사라질 줄 알았어요. 그런데…."

"나도 그랬지." 래리가 끼어들었다. "10대 때부터 내내 씨름 중이오. 20대에 신앙생활을 시작했는데 한동안 잠잠하더니만 개 버릇 남 못 준다고, 채 1년을 못 넘기고 야한 잡지에 한눈을 팔고 포르노 영화를 찾아다니게 됩디다. 그때는 전용관이 생기기 전이었으니까요. 지저분한 얘기죠."

"그만두려고 해보셨어요?"

"두말하면 잔소리죠! 그야말로 별의별 짓을 다 해봤다오. 우선 직장에 가는 길을 바꿔봤소. 성인 영화관을 피해 한참을 에둘러 다닌 거지. 즐겨 보던 잡지의 정기구독을 해약했어요.

수영복을 입은 여성들의 사진이 자주 실렸거든. 비디오 대여점이 마구 생길 때는 구입했던 VCR도 내다 팔았어요. 자꾸 성인 비디오를 빌려다 보게 되더라고요. 유선방송을 끊는 것도 모자라서 아예 텔레비전을 없애버리기까지 했어요."

"별 효험이 없지 않던가요?"

"정말 그럽디다. 그저 포르노를 손에 넣기가 좀 힘들어졌을 따름이었소. 현금카드를 없애고 최소한의 현금만 가지고 다녔거든요. 사고 싶어도 돈이 없어서 못 사게 말이죠. 자동차를 집에 두고 버스 편으로 일터에 나갔어요. 아주 힘들더군요. 심지어 란제리 광고 때문에 신문도 끊었다니까."

"극단적인 처방이네요."

"그래도 안 먹히데, 그것 참!"

애를 쓴 건 알겠는데 효과적인 대안은 아닌 듯했다. "이렇게 말씀드려 죄송하지만, 하나같이 이차적인 방안들뿐인 것 같습니다. 영적인 해결책을 찾아보셨나요? 포르노그래피는 그쪽 문제가 아닐까 싶어서요."

"물론 찾아봤소. 영적으로도 해볼 만큼 해봤단 말씀이지. 정욕에 관한 말씀이나 죄와 싸우는 데 도움이 될 만한 구절을 찾아 죄다 암송하고 성경본문을 정해 묵상했어요. 포르노가 삶과 신앙에 입히는 피해들을 꼼꼼하게 정리해서 수시로 읽었고요. 에베소서 6장에 나오는 무기들로 매일 중무장했죠. 때마침 성령의 은사를 강조하는 교회에 출석하기 시작했는데, 목사님한테 가서 정욕을 일으키고 포르노에 빠지게 만드는 귀신을 쫓아내는 기도도 받았어요."

의자에 등을 기대며 래리가 덧붙였다. "서로 돕고 책임져주는 소그룹에도 들어가봤소. 심지어 이틀 동안은 한 시간마다 멤버들한테 전화를 해서 상태를 알리고 점검을 받았어요. 그래도 끊어지지 않습디다. 죽어라 성경만 읽어대기도 했어요. 러시아로 선교여행을 떠나기도 하고. 영적으로 몇 단계를 뛰어넘어 훌쩍 성숙해지길 바랐던 거죠. 그런데 웬걸? 남들은 복음을 전하느라 정신없는데, 난 호텔을 몰래 빠져나가서 거리에서 파는 포르노테이프를 사가지고 돌아왔다니까요."

나도 모르게 웃음이 나왔다. "미안해요. 웃을 일이 아니라는 건 알지만…."

"아니, 웃을 일이오." 사내는 파이를 한 입 더 물었다. "일시적으로나마 도움이 되는 장치가 아주 없었던 건 아니었소."

"오, 어떤 장치였죠?"

"교회에서 주선한 지원 그룹에 들어갔어요. 하지만 얼마

안 가서 다른 데로 이사를 가게 됐어요. 게다가 인터넷까지 들어오면서 진창으로 되돌아가고 말았어요."

래리는 고개를 푹 수그린 채 커피를 한 모금 들이켰다. "더러운 습관이 하나님과의 관계는 물론이고 부부 사이마저 흔들어놓고 있어요. 여기서 벗어날 길이 어딘가에 분명히 있을 거예요. 안 그래요? 주님이 이 정도 수렁에서도 건져주실 수 없다면 기독교를 믿어봐야 무슨 소용이겠소? 여태 답을 찾지 못하는 게 그저 안타까울 따름이지. 지금은 싸우다 지쳐 주저앉아 있는 상태예요. 일종의 휴전인 셈이죠."

그러곤 문득 고개를 돌려 예수님에게 말했다. "댁은 꿀 먹은 벙어리처럼 자리만 지키고 있군요. 댁도 정욕과 긴 씨름을 벌이고 있는 중이요?"

"끊임없이 유혹을 받아온 건 사실이죠." 그가 대답했다.

예수님의 입에서 그런 소릴 듣는 게 낯설었다. 하지만 성경에도 기록된 사실이므로 기절초풍할 만큼 놀라지는 않았다. 질문이 더 나오길(궁금한 걸 대신 물어주길) 기대했지만, 제 딜레마에 깊이 빠진 사내는 별 생각이 없어 보였다.

"어쩌면." 래리가 침묵을 깼다. "평생 이 모양 이 꼴로 살다 죽을지도 모르지. 하나님이 이런 전투에서 늘 승리하게 하실 줄 알았는데 말이오⋯." 잠시 날 쳐다보고는 곧장 예수님께로 시선을 돌렸다. "줄곧 유혹을 받아온 건 사실이다? 그럼 거기에 빠지지는 않았다는 말이요? 무슨 비결을 찾아내기라도 한 거요?"

예수님은 커피를 한 모금 들이켜곤 몸을 탁자에 기대며 말했다. "듣자 하니, 두 분은 예수를 믿는 순간, 영적인 세계에서 어떤 일이 벌어지는지 새카맣게 모르고 계신 것 같군요."

당신은 천사인가요?
Chapter Five

●NIGHT WITH A PERFECT STRANGER●

"마실 것 좀 더 드릴까요?"

예수님 말씀에 집중하느라 웨이트리스가 다가오는 것조차 눈치 채지 못했다. 베티는 먼저 주님과 래리의 잔을 채워주었다. 그러곤 테이블 위로 몸을 숙여 내 컵에 커피를 따르려다 어디가 아픈지 움찔하며 얼굴을 찌푸렸다.

"목이 결려요?" 예수님이 물었다.

아가씨가 돌아보며 고개를 끄덕였다. "오늘 아침, 운전하던 중이었는데, 갑자기 뒤차가 와서 들이받았답니다. 정형외과 의사에게 전화했더니, 마침 휴가 중이라네요."

자리에서 슬그머니 일어나신 주님은 여종업원의 목을 가

리키며 말했다. "제가 도와드릴 수 있을 것 같아요. 어디 한번 볼까요?"

"뭐하시는 분이세요? 물리치료사?"

"잠깐이면 돼요."

베티는 어깨를 들썩해 보이더니 천천히 몸을 돌렸다. 예수님은 손을 뻗어 엄지손가락을 목 뒤에 대고 가만히 있었다. 웨이트리스의 몸이 순간적으로 굳어지더니 이내 풀어졌다.

"와!" 목을 이리저리 돌려보는 그녀의 얼굴이 환해졌다. "통증이 완전히 사라졌어요. 어떻게 하신 거예요?"

예수님은 미소를 지었다. "개인적으로 알고 있는 방법을 좀 썼어요. 그건 그렇고, 잠시 바람을 쐬고 싶은데, 테이블을 치우지 말고 그냥 둬 주실래요?"

"네, 그러죠." 비어 있는 파이 접시들을 주섬주섬 챙기는 손길에 생기가 넘쳤다. "담배를 피우려면 입구에서 15미터 이상 떨어져야 해요. 아니면 과태료를 받아요."

예수님은 날 쳐다보며 희미하게 웃었다. 우린 밖으로 나갔다. 그는 아무도 없는 걸 확인이라도 하려는 듯 주위를 두리번거리더니 트럭으로 가서 짐칸에 기댔다. 래리와 나도 뒤를 따랐다.

"예수를 믿던 바로 그 순간, 여러분에게 어떤 일이 일어났을 거라고 생각하세요?"

자신의 이름을 마치 남 부르듯 하는 게 어색하게 들렸다. 이 남자한테는 끝까지 정체를 밝히지 않을 작정이구나 싶었다. 나로서는 무슨 말을 하든지 실수로 비밀을 누설하지 않을까 조심스러울 따름이었다.

"죄를 용서받았죠." 트레일러 기사가 응수했다.

"그리고요?"

"의로워졌다고 선포해주셨어요." 내가 대답했다.

"그뿐인가요?"

갑자기 말문이 막혔다. 다행히 래리가 뒤를 이었다. "성령님이 우리를 그리스도처럼 변화시켜가는 과정이 시작되고요." 그러곤 주님과 나를 번갈아 쳐다보았다. "적어도 신학적으로는 그렇게 돼 있지."

예수님은 고개를 가로저었다. "훨씬 더 많은 일들이 일어난답니다. 한번 보여드릴까요?"

"보여준다고요?" 내가 되물었다.

기댔던 트럭에서 몸을 일으킨 예수님은 덥석 한 걸음 다가서시더니 두 손을 내 눈 앞으로 쑥 내밀었다. 하마터면 뒤로

나자빠질 뻔했다. 반사적으로 눈꺼풀이 내려왔다. 정신을 차리고 눈을 뜨자 예수님이 래리에게도 똑같은 동작을 하고 있는 게 보였다. 덩치 큰 트레일러 기사가 시키는 대로 얌전히 서 있다는 게 더 놀라웠다. 하지만 그 따위 시시한 생각에 매달려 있을 여유가 없었다. 갑자기 전혀 새로운 의식세계가 열렸다. 눈앞에 펼쳐지는 장면들이 시시각각 달라지고 있었다.

처음에는 몰랐다. 물리적이고 가시적인 대상들에만 눈을 주었기 때문이었다. 래리의 머리 둘레로 희미한 아우라가 보였다. 마치 빛 덩어리 같았다. 눈길이 저절로 그 강렬한 존재의 한복판으로 끌려들어갔다. 중심에서 밝고 밝은 순백색 빛줄기가 쏟아져 나왔다. 근원에 가까울수록 빛은 더 환하고 더 순수해졌다. 그 광선이 처음에 보았던 빛을 아우르고 감싸면서 잠시 갈라졌다가 곧 다시 합쳐지며 뒤엉겼다. 하지만 언제 나뉘고 또 언제 한 덩이가 되는지 가늠할 길이 없었다. 하나인 동시에 둘이라고 말하는 편이 더 정확했다.

무한정 아름답고 순수한 빛이 그처럼 변화무쌍하게 움직이는 탓에 정신을 차릴 수가 없었다. 한동안(얼마나 긴 시간인지 알 수 없다) 거기서 눈을 떼지 못했다.

그렇게 얼마나 지났을까? 비슷하지만 엄연히 다른 광채가 주위를 밝히고 있음을 알아챘다. 트레일러 기사에게서 눈길을 거두고 사방을 살폈다. 또 다른 빛줄기가 새어나오는 근원이 또렷이 감지됐다.

바로 나 자신이었다.

존재의 한복판에서 똑같은 광선이 솟구쳤다. 이번에도 환하고 순전한 광채와 그보다 더 밝고 맑은 빛이 뿜어져 나와 떨어졌다 다시 하나가 되곤 했다.

비록 잠깐이었지만 내 안에 존재하는 빛줄기들을 실감할 수 있었다. 얼마간은 눈앞에 보이는 엄청난 계시에 그야말로 압도된 채 넋을 잃었다. 그러다 어느 순간, 문득 현실감이 돌아왔다. 바로 곁에 예수님이 서 있는 게 보였다. 반쯤 정신이 나간 듯, 물끄러미 그를 바라보다가 물었다.

"빛줄기들 말인데요, 성령님인가요?"

"둘 중 하나는 그분이었어요."

"그럼, 나머지는요? 또 다른 광선도 있었잖아요?"

"아, 그건 당신의 영이에요. 예수를 믿고 받아들이는 동시에 성령님이 닉의 내면에 새로이 살아 숨 쉬게 된 영입니다." 주님은 트레일러 기사를 돌아보며 되풀이했다. "선생이 영접할 때 중심에 새롭게 태어난 영이란 말씀이죠."

"어떻게 그게 눈앞에 나타난 거죠?" 래리가 나와 제 가슴을 번갈아 훑어보며 물었다.

"내가 두 분의 눈을 열어 영적인 세계를 보여드린 겁니다." 예수님이 대답했다. "물론 일부긴 하지만 말입니다."

"정신이 없어서 그런가? 댁의 영이 그런 식으로 움직이는 건 못 본 듯하구려."

주님은 고개를 끄덕였다. "때가 되면 볼 수 있겠죠. 지금은 너무 눈부셔서 여러분의 눈으로 확인하긴 어려울 거예요."

"댁은 도대체 누굽니까? 천사예요?"

예수님의 얼굴에 미소가 떠올랐다. "아녜요. 하지만 아버지께서 보내신 건 분명하죠."

왼편으로 희미한 움직임이 감지됐다. 얼른 휴게소 입구를 돌아봤다. 순간, 충격적인 장면이 눈에 들어왔다. 마치 힘껏 휘두르는 몽둥이에 뒤통수를 얻어맞은 느낌이었다. 한 남자가 문밖으로 걸어나가고 있었다. 그런데 그 중심에 이루 말할 수 없이 깊은 어둠과 소름끼치는 공허감만 가득했다. 래리와 내게 흘러넘치던 환한 빛은 눈곱만큼도 보이지 않았다. 적막하고 허무한 기운이 밀물처럼 밀려들었다.

"저런…." 얼굴을 찡그리며 외면할 수밖에 없었다. "저런!"

래리 역시 한참 동안이나 눈길을 떼지 못하다가 끝내 얼굴을 돌리는 눈치였다. 남자는 큰길을 건너 어둠이 두텁게 깔린 주차장으로 사라졌다. 그러곤 곧 자동차의 문을 여닫는 소리가 났다. 그쪽을 유심히 바라보았지만 암흑천지일 뿐, 움직임을 감지할 수 없었다. 이어서 시동을 걸고 기어를 넣는 소음이 들렸다. 잠시 후, 트럭은 휴게소를 빠져나갔다.

주님과 시선이 딱 마주쳤다. "제가 뭘 본 거죠?"

"인간의 영혼이죠." 예수님이 차분하게 설명했다. "거듭나기 전까지는 두 분의 영도 저랬어요."

대신 보내신 이

CHAPTER SIX

●NIGHT WITH A PERFECT STRANGER●

　5분 뒤, 우린 다시 레스토랑에 들어와 앉았다. 이제 눈앞에 보이는 건 물질적인 영역뿐이지만 마음은 여전히 영적인 세계에서 보았던 일들을 정리하느라 분주했다. 래리의 머릿속에 어떤 생각들이 오갈지는 다만 상상할 뿐, 또렷이 알 순 없었다. 더군다나 트레일러 기사는 누구랑 대화를 나누고 있는지조차 모르고 있었다. 망연자실, 어안이 벙벙한 상태에서 헤어나지 못하는 것도 무리가 아니었다.

　오만가지 질문이 떠올랐지만 입을 꾹 다문 채, 사내가 정신을 수습해서 먼저 물꼬를 터주길 기다렸다. 마침내 래리가 예수님을 바라보며 낮은 목소리로 물었다. "하늘나라에 있는 또 다른 존재들을 뭐라고 부릅니까? '스랍^{seraphim}'인가요? 아니면 '그룹^{cherubim}'입니까?"

예수님은 말없이 고개만 까딱하셨다.

"그게 바로 선생이십니까?"

"아닙니다. 하지만 스랍과 그룹이 있는 곳에서 오기는 했습니다."

래리는 여전히 의혹이 가득한 눈길로 날 보며 더듬거렸다. "하지만… 당신, 당신은 나랑 똑같아 보이는데…."

서슴없이 대답했다. "보신 그대로예요. 전 그냥 인간일 뿐이지요."

"그렇지만…." 하룻밤 새에 일어난 일들을 곰곰이 되짚어 보는 눈치였다. "댁들은 예전에도 만난 적이 있다면서요. 그럼 이 양반은…." 사내는 턱으로 예수님을 가리키며 물었다. "허깨비가 아니라 실재하는 분인가요?"

웃음이 나왔다. "그렇고말고요. 정말 살아 계신 분이에요."

"진짜 하나님이 보내셔서 오셨고요?"

"장담할 수 있어요. 저도 이분을 만난 덕분에 그리스도를 믿게 됐다니까요. 그러니까 무슨 말씀을 하시든지, 또 뭘 보여주시든지 다 믿어도 좋아요."

래리는 예수님과 마주 서서 한참을 물끄러미 바라보았다. "댁을 믿습니다." 트레일러 기사는 마치 나한테 말하듯 주께 고백했다. "이유는 모르겠지만 아무튼 믿어져요."

이번엔 내가 물었다. "아까 봤던 그 사람의 영 말인데요, 예전에는 우리도 그랬다는 말씀인가요?"

예수님은 한 마디 한 마디 힘주어 말했다. "성령이 새로운 영으로 살아나게 하기 전까지는 누구나 마찬가지입니다. 여러분이 보신 건 성령이 주시는 생명을 얻지 못해 하나님에 대해 죽어 있는 인간의 영이죠."

래리는 앞으로 바짝 당겨 앉으며 소곤소곤 속삭였다. "그러니까 우리 속에 있던 그 빛을 정말 성령님이 심어주셨다는 뜻입니까?"

"물론입니다. '육에서 난 것은 육이요, 영에서 난 것은 영'(요 3:6)이란 구절이 있습니다. 주님은 무슨 뜻으로 그런 말씀을 하셨다고 보십니까?"

사내가 어깨를 들썩해 보이며 머뭇거렸다. "거기에 대해서는 단 한 번도 생각해본 적이 없습니다."

"두 분이 지금 씨름하고 있는 문제의 뿌리가 거기에 있습니다. 여러분은 내면에 어떤 변화가 일어났는지 모르고 있습니다. 마음속으로는 여전히 자신을 죄인으로 여깁니다. 본질적으로 죄를 지을 수밖에 없도록 되어 있는 사람들처럼 말입니다."

"하지만 다들 그렇게 가르치던데요?" 래리가 불만스럽게 되물었다.

"자, 이제 하나님 말씀을 좇을지, 아니면 종교적인 전통을 따를지 결정해야 합니다."

나로서는 어두운 영에 대한 생각을 떨쳐버릴 수가 없었다. "그렇다면 옛 영은 어떻게 되는 겁니까?"

"에스겔서 36장의 약속에 따라 하나님이 없애십니다."

나는 트레일러 기사에게 눈길을 주었다가 난감한 표정으로 예수님을 바라보았다. "어떤 말씀이었는지 기억이 잘 나지 않아서…."

"'너희에게 새로운 마음을 주고 너희 속에 새로운 영을 넣어 주며, 너희 몸에서 돌같이 굳은 마음을 없애고 살갗처럼 부드러운 마음을 주며, 너희 속에 내 영을 두어…'(26절)라고 하셨죠."

래리는 머리칼을 잡아 뜯었다. 기적의 주인공이 된 기쁨과 충격에서 헤어나지 못하는 복권 당첨자 같은 표정이었다.

"정말, 진짜, 참말로 하나님이 그렇게 하셨단 말씀인가요? 옛 영을 없애버리고 새로운 영을 내 안에 불어넣으셨다고 말입니까?"

"그렇습니다. 하나님이 그러마 하셨으니까요."

"그럼 옛 영은 어디로 갔습니까?" 내가 물었다.

"예수와 함께 십자가에 못 박혔습니다. 로마서 6장에 나와 있잖아요. 두 분도 읽어보셨죠?"

로마서 6장이라면 눈 감고도 내용을 더듬을 수 있을 만큼 훤히 아는 말씀이었다. 거기엔 옛사람은 그리스도와 함께 십자가에 달려 죽었다고 분명히 나와 있었다. "하지만 그건 그저 '위치적 진리positional truth'인 줄만 알았어요."

예수님은 뒤로 기대앉으며 팔을 돌려 의자의 등받이 뒤로 깍지를 꼈다. "위치적 진리라고요? 무슨 뜻인지 모르겠군요. 좀 알려주시겠어요?"

이런! 주님과 신학적인 논쟁을 벌일 작정은 아니었다. "무슨 뜻이냐면 말입니다. 음… 하나님이 만물을 보시는 방식을 말하는 게 아닐까 싶습니다. 음… 제가 그리스도 안에 있게 되었으니 다른 시각으로 봐주신다, 대충 그런 뜻이 아닐까요?"

주님은 머리를 가로저었다. "하나님은 있는 그대로를 보실 따름입니다. 이러저러하다고 가정하시는 게 아니에요. 우린 지금 이곳에 실제로 존재하는 무언가를 두고 대화를 나누고 있는 겁니다. 하나님이 장부를 들고 두 분의 이름이 명단에 있는지 계속해서 확인한다는 식의 하늘나라 회계시스템 얘 길 하는 게 아니란 말씀이죠. 여러분이 보았던 옛 영은 진짜입니다. 새로운 영 역시 신분 변화를 상징하는 개념이 아니에요. 그건 현실입니다. 성령님이 새로이 살게 하신 영이에요. 예수님과 마찬가지로 거룩하고 의로운 영이죠. 옛사람(그리스도를 만나기 이전에 내면을 차지하고 있던 자아)을 데려다가 십자가에 못 박았다는 하나님 말씀도 마찬가지입니다. 장담하건대, 백 퍼센트 실제로 벌어진 일이란 뜻입니다."

트레일러 기사의 표정을 살폈다. 혼란스러운 모양이었다. "하지만 예수님은 2천 년 전에 돌아가셨어요. 내가 신앙을 가진 건 고작 23년 전이었고요. 어떻게 내 옛 영이…."

"십자가에 함께 못 박힐 수 있느냐 말씀이죠?"

"바로 그 말입니다."

예수님은 몸을 일으켰다. "물리적인 영역과 달리 영적인 세계는 시간을 초월합니다. 영적인 영역에서 벌어지는 사건들은 시간에 매이지 않아요. 세상에 토대가 놓이기도 전에 예수님이 십자가에 달린 어린 양이 되신 까닭이 거기에 있습니다. 천지의 기초가 닦이기도 전에 여러분이 선택받은 이유가 거기에 있습니다. 그래서 두 분의 죄는 짓기도 전에 남김없이 용서된 겁니다. 여러분의 옛 영은 그리스도와 함께 심판을 받고 십자가에 달려 처형되었습니다. 더 이상 정죄가 없는 까닭이 거기에 있습니다. 저주의 올가미는 마지막 한 가닥까지 다 풀렸습니다. 옛것들은 다 사라졌습니다. 이제는 예수님의 형상대로 빚어진 새로운 영을 가졌습니다. 하나님은 여러분을 의롭게 보십니다. 친히 두 분의 가장 깊은 자아를 그렇게 바꿔놓으셨기 때문입니다. 방금 보신 대로입니다."

예수님의 등 뒤로 웨이트리스가 커피 한 주전자를 들고 다가오는 게 보였다. 옆 테이블 손님의 잔에 커피를 채워주고 나서 이편으로 넘어왔다. "손님들은 일정에 쫓기지 않으시나 봐요."

베티는 한 잔 한 잔 커피를 채워갔다. 나는 핸드폰을 꺼내서 시간을 확인했다. 새벽 2시 11분이었다. 아직 괜찮았다. 잠자리에서 일어나기 전까지만 도착하면 아내한테 걱정을 끼칠 일은 없을 터였다.

"래리, 시간이 괜찮은 건가요?" 내가 물었다.

"상관없소! 궁금한 게 수두룩한데 빈손으로 갈 순 없지!" 그러곤 곧장 예수님을 다그쳤다. "그래도 아직 이해가 안 갑니다. 새로운 영을 받았고 주 안에서 거듭난 게 사실이라면 어째서 여전히 죄를 짓는 거죠? 죄랑 아예 담을 쌓았어야 하는 거 아닙니까?"

예수님은 빙그레 웃었다. "언젠가는 그렇게 될 겁니다. 두 분의 가장 깊은 내면에 미치는 죄의 영향력은 완전히 단절됐어요. 이건 누구도 부인할 수 없는 엄연한 사실입니다. 그래서 바울은 죄에 대해 죽었다고 했던 거예요. 죄는 여러분의 속사람에서 깨끗이 잘려나갔습니다. 다만 영과 달리 아직 새로워지지 못한 여러분의 몸에 그 죄가 여전히 똬리를 틀고 있는 게 문제입니다."

"몸이라고요? 죄는 생각에서 비롯되는 게 아니던가요?"

"그렇죠." 예수님은 일단 수긍했다. "하지만 두뇌 또한 몸의 일부임을 잊어선 안 돼요. 뇌를 포함해서 여러분의 온몸은 태어날 때부터(실제로는 이전부터) 하나님 없이 제 힘으로 살면서 죄를 짓도록 프로그램 되어 있어요. 그게 바로 육신의 속성이에요. 새로운 몸을 얻기 전까지는 그 틀에서 벗어날 수가 없어요."

저도 모르게 한숨이 터져 나왔다. "서글픈 소식이군요. 결국 새로운 영으로도 육체의 프로그램을 극복해낼 수 없다는 말씀처럼 들리네요."

주님은 설탕을 한 봉 뜯어서 커피에 넣고 저었다. "천만에요. 그런 뜻이 아니에요. 육체를 거스르는 게 뭔지 아세요?"

"성령님?" 내가 대답했다.

"맞습니다. 성령님이죠. 오직 그분만이 여러분 안에 있는 육신의 속성을 누를 수 있어요. '여러분은 성령께서 인도하여 주시는 대로 살아가십시오. 그러면 육체의 욕망을 채우려 하지 않을 것입니다'(갈 5:16). 새로이 태어난 영을 지녔다 할지라도 인간 스스로 몸의 욕구를 이겨나가는 건 하나님의 계획이 아닙니다."

"육신의 욕심 하나 어찌지 못한다면 영이 새로워진들 무슨 소용이랍니까?" 래리가 물었다. 실은 나도 똑같은 의문을 품고 있었다.

예수님은 의자에 깊숙이 앉아 커피를 홀짝이며 말을 이어갔다. "두 가지 측면이 있어요. 우선, 여러분이 원하는 걸 할 수 있게 해주죠. 두 분 다 넘어지고 자빠지기 일쑤지만 그래도 속으로는 하나님께 순종하고 싶어 하잖아요? 예전에, 그러니까 옛 영을 가졌을 때는 그러지 않았거든요. 속속들이 주께 반역하는 마음뿐이었죠. 둘째로, 새로운 영을 품으면 성령님과 하나가 될 수 있어요. 하나님과 영원히 함께한다는 뜻입니다."

"성령님은 아까 봤던 옛 영과는 하나가 되고 싶어 하지 않기 때문인가 봐요." 내가 끼어들었다.

"그렇습니다." 예수님이 맞장구를 쳤다. "그분은 옛 영과 연합하실 수 없어요. 다만 친히 살리신 새로운 영과 더불어만 함께하실 따름이죠. 하나님이 하시는 일의 핵심이 바로 여기에 있어요. 용서하고 거듭나게 하시죠. 그게 전부예요."

"성령님이 우리 안에 머물기 위해서란 말씀이죠?" 다짐하듯 예수님께 물었다.

"성령님이 역사하셔서 삼위일체 하나님과 연합하게 하려는 겁니다. 성부, 성자, 성령은 모두 한 분이죠. 래리와 닉, 이제 두 분은 하나님과 하나가 됐습니다. 그분이 두 사람 중심에 머물면서, 당신들을 통해 삼위일체의 삶을 사십니다. 인간을 통해 영원한 생명을 드러내는 것이야말로 하나님의 한결같은 계획이었습니다. 두 분은…." 여기서 예수님은 트레일러 기사와 나를 하나하나 똑바로 바라보시며 또박또박 말씀하셨다. "바로 그 거룩한 생명의 표현입니다."

래리는 내 쪽으로 얼굴을 돌리고 납득하기 어렵다는 듯 어깨를 으쓱해 보였다. "내가 여태 어떻게 살아왔는지 아시면 그런 소리 안 하실 거외다."

사내를 바라보는 예수님의 눈길에 연민이 가득했다. "모르시겠습니까? 이제 세상을 사는 건 선생 자신이 아닙니다. 오직 하나님만이 그 삶을 사십니다."

"그렇다면 난 뭘 합니까?" 트레일러 기사가 캐물었다.

"간단합니다. 하나님이 그리 하신다는 사실을 믿기만 하면 됩니다."

옆 좌석에 앉았던 남자가 일어나더니 지갑에서 돈을 꺼내 테이블에 올려놓았다. 예순 살쯤 됐을까? 단단하고 건장한 체구에 카우보이모자와 부츠를 신고 있었다.

"일부러 그런 건 아닌데, 어쩌다보니 댁들이 나누는 얘기를 조금 엿듣게 됐소." 남자는 질겅거리던 이쑤시개를 퉤 뱉어낸 뒤에 말을 이었다. "성령님에 대해선 잘 모르지만 암튼 한 가지는 분명하다고. 뭐냐면, 하나님이 반드시 따라야 할 규칙들이 적힌 사용설명서를 주셨다는 거지. 우리는 '쭈우우욱' 그걸 지키기만 하면 되는 거고." 그러곤 모자 끝을 잡고 고개를 까딱하며 작별을 고했다. "안전운전 하시구려, 기사양반들!"

"조심하세요." 래리가 화답했다.

"찬찬히 가세요." 내가 덧붙였다.

예수님은 말없이 지켜보기만 했다. 남자는 문밖으로 사라졌다. "왜 아무 말씀이 없으세요?" 의아한 눈으로 묻자 예수는 살짝 웃음기를 머금은 말투로 대답했다. "꼭 그럴 필요가 있을까 싶어서요. 하나님을 아버지로 여기는 건 바른 자세예요." 말씀 중에도 눈길은 유리창 너머로 트럭에 올라타는 남자를 좇고 있었다. "하지만 착각하는 게 있어요."

"성령님에 대해선 잘 모르겠다고 한 거요?"

"아니요. 하나님이 주신 규칙을 꾸준히 지켜야 한다고 했던 그 말이요."

"그 말의 어느 부분이 문제라는 뜻인지 모르겠군요."

"단순하고도 명료하죠. 규칙이라는 건 아예 없거든요."

규칙을 싫어하는 하나님
CHAPTER SEVEN

● NIGHT WITH A PERFECT STRANGER ●

래리와 눈길을 주고받고는 곧바로 예수님을 쳐다봤다.

"규칙이 존재하지 않는다니, 무슨 말씀이세요?" 내가 총대를 멨다.

예수는 목 뒤로 팔을 올려 깍지를 끼고는 의자 깊숙이 몸을 기댔다. "규칙이란 율법의 다른 이름일 뿐이에요. 두 분은 예수와 더불어 율법에 대해 이미 죽은 몸들입니다. 그리스도는 바르게 살게 하는 도구인 율법의 완성을 의미하죠. 신약성경에서 수없이 다루고 있는 주제인데 여태 못 보셨어요?"

래리가 말꼬리를 가로챘다. "그래도 어떻게 규칙이 없을 수 있겠어요? 하나님도 십계명을 없애지 않으셨잖아요?"

"물론, 모두에게 규칙이 적용되지 않는다는 뜻은 아닙니다. 선생에게만 해당되죠."

"저에게만요?"

"정확히는 복음을 받아들이고 믿는 모든 이들이라고 해야겠죠. 율법의 존재 이유는 단 하나뿐이거든요. 저마다 얼마나 큰 죄를 지었는지 알려주고 구세주가 필요하다는 사실을 깨닫게 하려는 것이죠. 따라서 그리스도를 믿고 영접했다면 더 할 일이 없어지는 셈입니다. 그때부터는 율법에 따라 살려고 발버둥 칠수록(이런저런 규정들을 철저히 지키려고 안간힘을 쓸수록) 풍성한 삶을 살기 어려워질 따름입니다. 마침내는 영적인 사망상태에 이르게 되죠. 지금껏 온몸으로 체험해오셨으니 잘 아시겠지만 말입니다."

래리가 숨을 몰아쉬며 고백했다. "맞습니다."

예수님은 날 보며 물었다. "닉, 당신은 어떤가요?"

"저라고 뭐 다르겠어요?"

"까닭을 알고 싶으세요?"

약속이나 한 것처럼 우리 둘 다 고개를 주억거렸다.

"새로워진 속사람은 어떻게든 하나님께 순종하고픈 간절한 소망을 품게 되기 때문입니다. 주님의 모습을 되비쳐 나타내고 싶은 마음이 간절해진다는 말입니다. 그래서 어떤 계명이든 보이는 족족 지키려 하는데 그게 지나쳐서 아무짝에도 소용없는 자기 노력으로 되돌아가게 되는 겁니다."

"오호라, 그러니까 하나님 편에서는 율법의 효력을 회복시키실 의사가 전혀 없다는 말씀이죠?" 래리의 목소리가 다시 감격으로 들뜨기 시작했다. 진리를 새로이 깨달은 기쁨으로 얼굴에 환희가 넘쳐흘렀다. "육신으로는 주님을 드러낼 수가 없겠어요. 그렇지 않습니까?"

예수님의 얼굴에 웃음이 번졌다. 겉으론 미소를 지으실 따름이지만 속으로는 행복에 겨워하는 것처럼 보였다. "그럴 수 없지요. 없고말고요."

"진심으로 하나님께 순종하고 싶어요." 래리가 말을 이었다. "나름대로 노력도 하죠. 하지만 백이면 백, 실패로 돌아가니 이렇게 답답한 노릇이 또 어디 있겠어요?"

나도 모르게 중얼댔다. "로마서 7장이랑 똑같네…."

"하지만…." 트레일러 기사는 마치 자신에게 다짐하듯 연신 고개를 끄덕이며 말했다. "내 안에 계신 예수님은 할 수 있어요!"

예수님이 자세를 고쳐 탁자에 바짝 당겨 앉으셨다. "그리스도는 반드시 그렇게 하실 거예요. 물론 지금도 그러고 계시고요. 선생이 한 가지 중요한 사실을 보는 눈을 키워갈수록 더 깊이 역사하실 거예요."

"그게 뭐죠?" 내가 물었다.

"더 이상 내가 사는 게 아니라 중심에 계신 그리스도께서 사신다는 점이죠."

얼마간 침묵이 흘렀다. 마침내 내가 입을 열었다. "그럼 신약성경에 등장하는 갖가지 명령들은 어떻게 되는 겁니까?"

주님은 활짝 웃었다. "무엇 하나 그냥 넘어가는 법이 없군요." 그러곤 커피잔을 한쪽으로 밀쳐내며 설명했다. "당신의 새로워진 마음(오늘 밤에 보았던 바로 그 심령)은 순종하기를 간절히 원합니다. 참으로 멋진 일입니다. 또 하나 놀라운 사실은, 순종하시는 분이 당신 중심에 사신다는 점입니다. 그분은 명령을 약속으로 바꾸실 뿐만 아니라 당신의 내면에서 상상조차 할 수 없을 만큼 경이롭게 성취해가십니다."

말을 마치신 예수님은 손짓으로 지나가던 웨이트리스를 불렀다.

"여기 얼마인가요?"

베티는 주머니에서 홀더를 꺼내더니 계산서 한 장을 뜯어

건네주었다.

대충 훑어보신 주님이 말했다. "고마워요. 덕분에 편안히 얘기할 수 있었어요."

"별 말씀을요. 제가 고맙죠." 웨이트리스는 방긋 웃으며 카운터로 돌아갔다.

"그만 가시게요?" 내가 물었다. "지금요?"

"아무래도 래리 씨는 지금 출발해야 할 시간이 된 것 같아서요."

트레일러 기사는 시계를 들여다보았다. "신경 쓸 것 없어요. 까짓것, 조금 늦는 게 대수겠어요?"

예수님은 손을 내저었다. "그러지 마세요. 오늘 밤엔 이쯤 하기로 합시다."

더럭 겁이 났다. 레스토랑을 나서는 순간, 예수님과 나누는 대화도 막을 내릴 것만 같았다. "하지만 크리스천답게 사는 비결 얘기가 막 나오려던 참이었잖아요. 조금만 더 자세히 설명해주세요, 네?"

자리에서 일어난 예수님은 한 손을 내 어깨에 척 올려놓으며 말했다. "닉이 생각하는 비결 따위는 없어요. 인격적인 영이 계실 뿐입니다. 그분이 비결이라면 비결이겠죠." 예수님은 테이블 위에 팁을 넉넉히 남겨두고 계산대로 갔다. 베티와 이야기를 주고받는 걸 가만히 지켜보았다. 밀라노 레스토랑에서와 똑같은 생각을 했다. '저분은 사람들과 어울리는 걸 정말 좋아하시는군.' 나도 늘 그럴 수 있으면 좋겠다는 마음이 들었다.

래리를 돌아보며 말했다. "자, 이제 정말 끝인가 봅니다."

사내는 습관처럼 어깨를 들썩해 보였다. "정 그렇다면 할 수 없지. 난 새사람이 된 기분이오. 이젠 정말 새사람이란 느낌이 든단 말씀이지. 입이 간질거려서 견딜 수가 없소. 빨리 집으로 달려가 마누라한테 얘기하고 싶을 뿐이요. 전화로 얘기해봐야 절대로 믿어주지 않을 게 뻔하거든." 그러곤 머리를 절레절레 흔들며 덧붙였다. "하긴, 얼굴을 맞대고 고백한다고 믿어주리라는 보장도 없지."

어떤 감정인지 알 듯했다.

예수님이 카운터에서 돌아와 물으셨다. "자, 준비됐나요?"

앞서거니 뒤서거니 레스토랑을 나와서 트럭을 세워둔 쪽으로 걸었다. 먼저 트레일러 앞에서 걸음을 멈췄다. 한참이나 말없이 서서 발로 땅을 긁어대기만 하던 래리가 결국 입을 열었다. "숨 막히는 경험이었소. 평생 겪은 일 가운데 가장 놀라웠어요."

"있잖아요, 래리. 선생이 주님의 식구가 됐던 그날, 하늘아버지께서도 똑같은 기분이었을 겁니다."

래리는 너무도 감격스러워서 말문이 막히는 모양이었다. 한동안 뜸을 들인 끝에 토막말을 토해냈을 뿐이다. "감사합니다." 주머니를 뒤져 키를 꺼내들고 트럭을 쳐다보다 예수님 쪽으로 고개를 돌렸다. "제이, 어떻게 생각해요? 하나님이 내게 다시 누군가를 보내주실까요?"

예수님은 손을 뻗어 래리의 어깨를 감쌌다. "이미 보내셨어요. 알아야 할 일이 있으면 성령이 그대에게 낱낱이 가르쳐 줄 거예요. 선생은 그저 그분께 묻고 그 답에 귀 기울이는 법을 배우기만 하면 돼요."

래리는 돌아서서 예수님을 껴안고 같은 말을 되풀이했다. "고마워요." 운전석 문을 열고 차에 올라탄 뒤에도 쉬 떠나지 못하고 다시 유리창을 내렸다. "영원토록 오늘 밤에 겪은 일에 기대어 살 수 있을 것 같아요."

예수님은 빙그레 웃으며 대답했다. "그래요, 선생은 영원히 살게 되어 있어요. 그리고 하나 더! 스스로 삶의 주인이 되려는 욕심만 버리면 그리스도가 늘 곁에 계실 겁니다."

래리는 연신 고개를 끄덕였다. "압니다."

마지막 작별인사가 오갔다. 트레일러는 천천히 주차장을 빠져나갔다. 우리도 트럭으로 걸어갔다. 예수님이 조수석 쪽으로 돌아가는 걸 보고서야 나는 비로소 안도의 한숨을 내쉴 수 있었다.

"저랑 계속 가실 거죠?"

주님은 안전벨트를 단단히 매셨다. "물론입니다. 아직 얘기가 다 안 끝났거든요."

주차장을 출발해 길을 가로질러 다시 고속도로에 진입했다. 2시 30분을 막 지나고 있었다. 도로는 여전히 한산했다.

"왜 아까 그 트레일러 기사한테는 '내가 바로 예수'라고 말씀하지 않으셨어요?"

"래리에겐 그편이 가장 좋기 때문이죠."

"7년 전, 저한테는 알려주셨잖아요?"

"사람마다 필요한 게 다르니까요."

"자격이 없을지라도 말이죠?" 근사하게 들릴 법한 표현을 골라 물었다.

"자격은 중요하지 않아요. 아버지는 얼마나 선하게 사는지 따지고서야 은총을 베푸시는 분이 아니에요. 주님 자신의 사랑과 목적을 근거로 은혜를 주실 따름이죠."

사이드미러를 슬쩍 쳐다보았다. 두 줄기 헤드라이트 불빛이 멀리서 따라오고 있었다. 지금은 오밤중이어서 괜찮지만 인디애나폴리스 어간에 이르렀을 즈음에는 정체가 극심할 것 같았다. 그래도 적어도 아직은 도로 전체가 우리 차지였다. 대학시절, 친구들과 밤늦게 차를 몰고 돌아다니는 기분이었다. 돌아보면 웃기는 얘기지만, 그때는 천지를 통틀어 가장 심오한 대화를 나눈다고 생각했었다. 야간운전에는 마음을 열고 더 심각한 삶의 문제를 이야기하게 만드는 묘한 힘이 있는 모양이다.

"래리 씨는 어떻게 될까요?"

"한동안은 이 밤의 기억에 의지해서 잘 살아낼 겁니다. 하지만 언젠가는 오늘 배운 진리를 딱딱한 공식으로 바꿔버리고 판에 박힌 영성에 발목을 잡히게 되겠죠."

"무슨 특별한 계획이라도 있으세요?"

"계획이랄 것까지는 없고 오히려 방법론에 가깝다고 봐야 할 거예요. 사실 적잖은 크리스천들이 똑같은 덫에 걸려요. 이러저러하면 그리스도인으로서 잘 살 수 있을 것이다, 이만저만한 가르침을 믿으면 틀림없이 성공한다…. 뭐, 그런 식의 올가미들이죠. 래리의 경우에는 거듭날 때 하나님이 이루신 일들, 그리고 십자가에서 성취하신 역사들을 깊이 의지하게 됐어요. 당분간은 거기에 의지해서 삶을 꾸려갈 수 있을 겁니다."

나는 좀 헷갈렸다. "하지만 그런 사실들은 당연히 믿어야 하는 게 아닌가요?"

주님도 반대하지는 않으셨다. "맞아요. 중요하고말고요. 진리를 믿는 건 필수입니다. 그렇지만 그것이 비결이 될 수는 없죠."

"래리는 그런 줄 알고 갔을 텐데요?" 어디 트레일러 기사뿐이겠는가. 나도 마찬가지였다.

"그랬을 겁니다. 결국은 대다수 그리스도인들이 빠지는 함정으로 곤두박질치겠죠. 충분한 해답을 얻지 못하고 좌절과 실망을 되풀이하는 수렁 말입니다. 그러고 나서야 비로소 올바른 답을 찾아낼 준비를 갖출 수 있을 거예요."

"전 비결이라는 게 아예 없을 줄 알았어요."

"비결이라는 딱지를 붙일 만한 게 하나, 있기는 있어요."

"그래요? 뭔지 좀 알려…."

"나예요." 화들짝 놀라 고개를 드는 순간, 예수님과 눈길이 딱 마주쳤다. "기억하세요? 내가 바로 생명이에요. '당신과 하나가 되어서 당신 중심에 사는 것.' 십자가를 지면서 마음에 두었던 목적은 그것 하나뿐이었어요. 죄를 용서하자는 게 아니었어요. 관계를 바로잡자는 뜻도 아니었고요. 옛사람을 십자가에 못 박겠다는 것도 아니었고요. 그런 일들은 당신과 영원토록 하나가 된다는 궁극적인 목표를 이루기 위해 먼저 해결해야 할 과제에 지나지 않았어요. 내 생명을 나눠주고 닉의 삶을 통해 드러내게 하려면 달리 방법이 없으니까요."

"그렇지만 그걸 어떻게 일상생활 속에 녹여낼 수 있죠? 처음부터 끝까지 시시콜콜 대신 챙겨주실 건 아니잖아요?"

"당연하죠. 인생은 우리 둘이 손잡고 함께 떠나는 모험이니까요. 하지만 닉은 나보다 자신을 지나치리만큼 중요하게 여기더군요. 혹시 좀 전에 인용했던 에스겔서 말씀을 기억하십니까?"

"물론입니다. 주님이 옛 마음을 없애고 새로운 영을 넣어주시겠다고 하셨죠."

"본문은 거기서 끝나지 않고 계속 이어집니다. 하나님 아버지는 '너희가 나의 모든 율례대로 행동하게 하겠다'(겔 36:27)고 약속하십니다. 여기서 '율례'란 두말할 것도 없이 '구약'을 가리키죠. 그렇지만 이제 당신은 율법이 아니라 사랑의 법의 지배를 받게 됐습니다. 따라서 이 말씀의 핵심을 추리면 이렇게 됩니다. '너희가 사랑으로 행동하게 하겠다. 바로 내가 네 안에서 내 삶, 다시 말해서 사랑의 삶을 살아내게 되었기 때문이다.'"

"그렇게 되면 자유의지가 설 자리가 없어지지 않을까요?"

예수님의 입가에 미소가 떠올랐다. "천만에요. 말했잖아요, 인생이란 둘이 손잡고 함께 떠나는 모험이라고. 내가 당신 속에서 바로 그런 삶을 살 거예요. 그러자면 닉이 나와 협력하는 쪽을 선택해주어야 해요."

"어떡하면 그럴 수 있죠?"

"신뢰해야 합니다. 언제든지 쓰일 수 있는 준비를 갖추어야 해요. 자신을 포기하고 완전히 맡길 줄 알아야 한다는 뜻입니다. 스스로에게서 헤어나와 성령님이 이끄시는 대로 사랑의 손과 발이 되어야 합니다. 겉보기에는 당신이 사는 것 같지만 실제로 그런 삶을 사는 건 바로 나입니다. 내가 그 삶의 근원이란 뜻이죠. 하늘아버지가 나를 통해 그분의 삶을 사셨지만 늘 내가 사는 듯 보였던 것이나 매한가지입니다. 세상에서 지내는 동안 행했던 모든 일들이 그랬습니다. 무엇 하나 마음대로 하지 않았습니다. 아버지가 나를 통해 사셨을 따름입니다."

"주님이야 하나님이시니까 얼마든지 그러실 수 있었겠죠." 내가 딴죽을 걸었다.

"그렇게 말할 수 있겠죠. 하지만 실제로 이 땅에 머무는 동안 나는 처음부터 끝까지 인간으로서 아버지가 창조하신 뜻에 따라 살았어요. 인간은 본래 하나님과 하나가 되어 그분의 생명이 흘러나가는 통로 역할을 하도록 지음 받았다는 거, 알고 있죠? 난 당신의 대리인이 되어 그런 삶을 살아야 했던 거죠. 그러면서도 줄곧 아버지 안에 머무를 수 있었어요. 비결이 뭐냐고요? 항상 그분께 찰싹 달라붙어서 떨어지지 않는 거예요."

"구체적으로 뭘 어찌해야 할지 모르겠어요."

"백 퍼센트 사랑받고 있다는 사실을 잊지 않으면 돼요."

"그렇지만…." 왼편으로 스쳐가는 자동차에 눈길을 주며 말했다. "예수님은 하나님의 단 하나뿐인 아들이잖아요. 그러니 그처럼 끔찍하게 사랑하시겠죠."

예수님은 온화한 목소리로 대답했다. "아셔야 할 게 있어요. 처음 만났을 때부터 줄곧 놓치고 있는 게 있더군요. 아버지는 나와 한 점 차별 없이 닉에게도 똑같은 사랑을 베푸신다는 점입니다. 얼마나 깊고 큰 사랑을 받고 있는지 정확하게 알아야 해요."

말문이 막혀서 조용히 차만 몰았다. 얼마나 달렸을까, 나는 마침내 낮은 목소리로 실토했다. "저로서는 실감이 나질 않아요."

예수님은 야단치지 않으셨다.

"알고 있어요. 닉, 그래서 내가 맛보기를 조금 보여드리려고요."

어떻게 하면 하나님 사랑을 받나요?
CHAPTER EIGHT

●NIGHT WITH A PERFECT STRANGER●

 인디애나폴리스를 끼고 도는 465번 지방도를 따라가다 신시내티로 이어지는 74번 국도로 갈아탈 작정이었다. 뭘 보여주시려는지 몰라도 예수님은 서두르는 기색이 없었다.

 465번 도로를 타고 남쪽으로 32킬로미터쯤 달렸을 무렵, 표지판을 확인한 주님이 말했다. "다음 진출로에서 빠져나갑시다. 괜찮죠?"

 눈으로 표지판을 훑었다. 셸비빌Shelbyville이라고 적혀 있었다. '왜 여기서 나가자고 하시는 거지?' 일단 예수님이 주문하시는 대로 9번 고속도로 방향으로 우회전한 다음, 시내를 향해 2킬로미터쯤 직진했다. 중심가로 들어선 뒤에 로터리에서 오른쪽으로 돌아 워싱턴 스트리트로 빠졌다. 그리고 두 블록을 더 갔을 즈음, 예수님이 말했다. "이리로 들어갑시다."

메이저Major 병원이었다.

나는 트럭을 주차장에 세우고 예수님을 돌아보며 말했다. "설마, 안으로 들어가서 한바탕 환자들을 고치시려는 건 아니겠죠?"

예수님은 큰 소리로 웃었다. "아녜요, 적어도 오늘 밤에는!"

"그럼 뭘 하시게요?"

"우선 안으로 들어가자고요."

예수님은 문을 열고 차에서 내렸다. 뒤를 좇아 트럭 뒤쪽으로 나갔다. "누굴 만나러 오신 거예요?"

"맞아요."

"저도 아는 사람인가요?"

"아닐 거예요."

예수님을 따라 병원 안으로 들어섰다. 엘리베이터를 타고 3층까지 올라갔다. '산부인과'라는 표찰이 붙은 구역으로 들어섰다.

"아기를 보러 갈 건가요? 이 시간에요? 면회시간이 따로 정해져 있을 텐데 어쩌시려고…"

"날 믿고 따라와요. 어느 가족을 좀 만날까 해요." 예수님은 대기실을 가리키며 말했다. "저기서 3분만 기다려줄래요?"

미적미적 걸어가서 의자 끝에 엉덩이를 걸치고 앉았다. 예수님이 간호사들이 모여 있는 스테이션으로 들어가는 걸 눈으로 좇았다. 잠시 후, 그분은 간호사와 함께 나와 복도 모퉁이를 돌아갔다. 당장이라도 따라가고 싶었지만, 기다리라는 말씀이 생각나서 참았다. 커피테이블에 팔꿈치를 기대고 육아잡지를 뒤적거렸다. '셋째는 덤!'이란 기사를 건성으로 읽기 시작했다.

셋째 아이를 낳아 키우는 건 일도 아니라는 기자의 논리에 설득 당해갈 무렵, 예수님이 돌아오셨다. 이번엔 얼굴 가득 환한 웃음을 머금은 간호사와 함께였다. 이 아가씨에게는 예수님이 자신을 어떻게 설명했을지 궁금했다.

"자, 준비됐나요?" 예수님이 불쑥 물었다.

"준비라니, 무슨…?"

"일가족을 만나러갈 준비요."

"아, 예… 대충…."

"이분은 에밀리Emily예요." 예수님은 뒤늦게 내게 간호사를 소개했다. "여긴 닉이고요."

아가씨가 손을 내밀었다. 어색한 악수가 이어졌다. "만나서 반가워요." 목소리가 한 옥타브쯤 높았다.

둘을 따라 두터운 유리문을 열고 신생아실로 들어갔다. 통로에 서서 유리창 너머로 안을 살폈다. 인큐베이터가 줄줄이 놓인 커다란 방이었다. 보육기 두 대에는 미숙아가 누워 있었다. 한쪽에 평상복에 마스크를 한 남자(십중팔구 아빠일 것이다)가 갓난아기를 살살 흔들어주는 게 보였다. 아기는 적어도 세 종류 이상의 기계와 튜브로 연결되어 있었다. 사내는 곤히 잠든 아이에게서 잠시도 눈을 떼지 않았다.

"어쩜 저렇게 작을 수가!" 탄식 섞인 한숨이 절로 나왔다. 두 아이를 품에 안았던 시절이 기억났다. 감사하게도 둘 다 예정일을 다 채우고 태어났고 어디 하나 빠진 데 없이 건강했다. 저렇게 한 줌도 안 될 만큼 조그맣고, 실낱같은 목숨을 간신히 부지하는 아기를 받아든다는 건 상상조차 해보지 않았다. 그처럼 참담한 상황을 어떻게 견뎌낼 수 있겠는가?

"더 작은 친구들도 있어요." 에밀리가 말했다. "몸무게가 1킬로그램 이하로 내려가기도 해요. 28주짜리 태아의 평균 몸무게를 가지고 태어나는 거죠. 그보다도 일찍 태어나는 아기들은 더 큰 병원으로 보내요."

28주라고? 아내는 임신 26주차였다.

간호사는 예수님을 돌아보며 말했다. "잠시 저 아기를 살펴볼 틈을 드리죠. 저는 일단 자리에 가 있을게요. 제 자리는 이 병동 끝에 있어요."

간호사가 복도 끝으로 사라졌다. 아기와 예수님에게 번갈아 눈길을 주며 물었다. "아는 집안의 아인가요?"

"개인적으로 아는 건 아니에요, 아직은. 하지만 닉에게 뭘 좀 보여주려고요."

아버지와 아이 쪽으로 고개를 돌리며 반문했다. "보여주시다니, 뭘 말이죠?"

"닉을 향한 하늘아버지와 아들, 성령님의 사랑을 이보다 더 잘 보여줄 수 있는 본보기는 세상에 다시없으니까요."

요람을 둘러싼 풍경을 다시 한 번, 더 꼼꼼히 살폈다. 사내는 갓난아기의 머리칼을 조심스럽게 쓰다듬고 있었다. 갓난아기를 평온하게 다독이며 지키는 아빠의 기쁨이 얼굴에 철철 흘러넘쳤다.

"하나님의 사랑을 그나마 정확하게 보여주는 거울이 여기에 있습니다." 예수님이 말했다. "인간의 사랑은 대부분 행위에 토대를 두고 있습니다. 누군가를 잘 대접하고, 합당하게 대우하며, 기쁘게 해주면 그이로부터 사랑을 받는다고 여깁니다. 그렇지 않으면 거절당했다고 느끼죠. 닉의 부친도 그와 비슷한 사랑을 베푸신 걸로 압니다만…." 예수님과 시선이 마주쳤다. "여전히 상처를 끌어안고 있는 것도 잘 압니다. 하지만 그 양반으로서는 그게 최선이었을 겁니다. 닉의 아버지 역시 윗대로부터 배운 거라고는 무얼 받았느냐로 사랑의 깊이를 재는 마음가짐이 전부였으니까요. 평생 불만스러워했으면서도 스스로 어찌지 못하고 자식한테 똑같은 유산을 물려주고 만 거죠."

갑자기 숨이 턱 막히면서 금방이라도 쏟아질 것처럼 눈물이 솟구쳤다. 간신히 울음을 집어삼켰다. 웬만하면 예수님 앞에서 대성통곡하는 추태만큼은 피하고 싶었다. 하지만 긴 세월 씨름해온 해묵은 고통('아버지는 왜 날 있는 그대로 사랑해주지 않을까?')을 아신다는 주님의 말씀을 듣는 순간, 알 수 없는 평안이 밀려들었다. 말 한마디 들었을 뿐인데도 마음이 편안해졌다. '예수님은 아신단 말이지? 날 이해하신다는 거지?'

아빠와 갓난아기에게 눈길을 고정시킨 채, 주님이 말을 이었다. "아버지의 사랑을 얻기 위해 저 애가 할 수 있는 일은 아무것도 없습니다. 심지어 엄마 젖을 빨 줄도 몰라요. 쌕쌕 자고 오줌똥이나 싸는 게 고작이죠. 그럼에도 불구하고 더할 나위 없이 깊은 사랑을 받아요. 아빠는 아기의 존재 자체만으로도 기꺼워서 어쩔 줄 몰라요. 그러니까 저 계집아이는 무조건적인 사랑의 수혜자인 셈이죠. 특별히 뭘, 어떻게 할 필요가 없는 거예요."

 방 안의 사내가 문득 고개를 들고 주위를 돌아봤다. 유리창을 사이에 두고 눈이 마주치자 희미한 미소로 인사를 보내왔다. 사내의 시선은 이내 아기의 얼굴로 돌아갔다.

 "닉을 보는 아버지의 얼굴이 딱 저래요." 예수님이 말했다.

 "하지만 그 얼굴을 밀쳐내면 어떻게 되죠? 저는 사납게 주먹질까지 해댔는걸요?"

 "압니다. 그런데 그게 당신을 향한 하나님의 사랑을 얼마만큼이나 흔들어놨을까요?"

 나는 고개를 가로저었다.

 "눈곱만큼도 영향을 미치지 못했어요. 무슨 짓을 하든, 그 뜨거운 사랑을 식힐 수 없어요. 아울러 무슨 공을 세운다 해도 그 사랑이 더 깊어지지도 않아요. 성부, 성자, 성령 하나님의 사랑은 행위가 아니라 존재에 토대를 두기 때문이죠." 마치 약속이라도 한 듯, 둘의 눈이 유리창 안을 향했다.

"마지막으로 바다에 가본 게 언제였죠?" 뜬금없이 예수님이 물었다.

신시내티에 자리를 잡은 뒤로는 바다에 자주 갈 수 없었다. "아내가 둘째를 가졌을 때니까, 한 4년쯤 된 것 같아요."

"바다에서 수영해봤어요?"

"그럼요."

"물이 있던가요?"

"물이 있냐구요? 그게 무슨 말씀이세요. 거긴 바다였다니까요? 온통 물이었죠."

"바로 그거예요!" 예수님은 단호하게 말했다. "하나님은 바다예요. 바다에 물이 있는 게 아니라 바다가 물 그 자체입니다. 당신이 거기 뛰어들면 그 물에 흠뻑 젖을 수밖에 없어요. 하나님은 '사랑이 많은 분' 정도가 아니에요. 그분이 곧 사랑이란 말씀이죠. 그러니 마음에 드는 일을 했을 때 한 바가지씩 퍼주는 게 아예 불가능해요. 주님 그 전체가 사랑입니다. 그분이 곧 사랑이므로 무얼 어쩌지 않아도 저절로 사랑하게 되는 셈이죠. 당신은 그런 사랑을 받고 또 나누도록 지음 받았어요. 무엇으로도 그 사실은 바뀌지 않아요.

그런데 '하나님은 사랑'이라는 그 진리가 닉의 가장 깊은 내면까지 스며들지 못하고 있어요. 주님은 사랑입니다. 그저 '사랑이 많으신 분' 수준이라면 오늘은 사랑했다가 내일은 그 사랑을 거둘 수도 있겠죠. 그런데 실제로 사랑은 그분의 본질이거든요. 하늘이 무너진다 해도 사랑하는 것을 멈출 길이 없다는 뜻이죠. 그러니까 닉에게 베푸신 일은 모두 사랑에서 비롯되었다고 봐도 좋아요. 하나님의 사랑은 마치 온 천지를 에워싼 공기 같아서 절대로 거기서 도망칠 수 없어요. 공기는 언제나 변함없이 내리덮여서 세상을 감싸잖아요? 주님의 사랑도 마찬가지예요. 당신 위에 한결같이 내려덮이죠. 한없이, 끝없이, 영원토록!"

"그런데 어쩌죠? 도무지 그런 사랑을 받고 있다는 느낌이 들지 않아요."

"압니다. 알고말고요. 그래서 그토록 씨름이 잦은 겁니다. 래리가 그토록 힘겹게 몸부림치면서도 포르노 숍에 자주 들락거리는 까닭도 마찬가집니다. 사람들은 가슴 한복판에 뻥 뚫린 구멍을 메워보려고 안간힘을 쓰고 있습니다. 뭘 좀 잘해

내면 마침내 하나님의 사랑을 받을 수 있을 거라는 생각에 사로잡힌 채 말이죠. 그렇지만 반드시 알아두어야 할 게 있습니다. 성부, 성자, 성령 하나님으로부터 무조건적이고 무제한적인 사랑을 받고 있다는 사실을 온 마음으로 깨닫고 인정하지 않는 한, 삶의 어떤 영역에서도 제대로 살아갈 능력이 없다는 사실이죠."

"하지만 하나님의 사랑을 체감할 방도를 모르겠어요." 그렇다. 그 사랑을 직접 맛보고 실감할 수 있으면 얼마나 좋겠는가!

예수님은 자신 있게 잘라 말했다. "그렇게 될 겁니다."

그때, 유리창 너머로 누군가 움직이는 게 어른어른 보였다. 간호사가 들어와서 아기아빠에게 무언가 속삭이고 있었다. 사내는 밝게 웃으며 갓난아기를 요람에서 꺼내 안더니 인큐베이터 쪽으로 걸어갔다. 몇 걸음 걷다가 잠깐 멈춰 서서 아이의 귓가에 입을 가져갔다. 무슨 당부라도 하는지 입술이 달싹거리는 게 멀리서도 또렷이 보였다. 딸애의 이마에 부드럽게 입 맞추고 나서 인큐베이터 안에 조심스레 뉘었다.

잠시 후, 남자는 간호사를 따라 우리가 서 있는 복도로 나왔다. 마스크를 벗는 순간, 얼굴에 번진 눈물자국이 눈에 들어왔다. 쉬 발길을 떼지 못하고 한참이나 아기가 있는 쪽을 쳐다보았다.

"아기 이름이 뭐예요?" 불편한 침묵을 걷어내고 싶어 하는 속내가 내 목소리에 고스란히 드러났다.

보일락 말락, 희미한 미소가 사내의 입가에 떠올랐다. "에이버리Avery예요."

"얼마나 됐죠?"

"태어난 지 나흘 됐어요. 음… 호흡기 쪽에 문제가 좀 있어요. 하지만 문제없을 거래요." 아기아빠는 턱짓으로 스테이션 쪽을 가리키며 대답했다.

예수님이 앞으로 한 걸음 나섰다. "에이버리는 괜찮을 거예요. 이렇게 멋진 식구들이 있잖아요."

남자는 예수님을 바라보며 가볍게 한숨을 내쉬었다. 눈길이 마주쳤지만 피하지 않고 담담히 받아냈다. 그러곤 힘 있게 고개를 주억거리며 말했다. "고맙습니다. 당연히 그래야죠." 사내는 눈인사를 남기고 복도를 가로질러 걸어갔다.

'에이버리는 괜찮을 거라고?'

예수님이 괜찮을 거라면 걱정할 필요가 없다. 마치 내 일처럼 기뻤다. 아버지가 아기에게 쏟는 사랑을 직접 지켜볼 수 있었던 것도 행복했다. 하나님의 사랑이 절절하게 다가오는 느낌이었다.

여태 주님의 사랑을 받지 못한다고 생각할 때가 많았는데 그게 아니었다. 생생하게 피부로 실감하지 못하는 게 문제였을 뿐이었다.

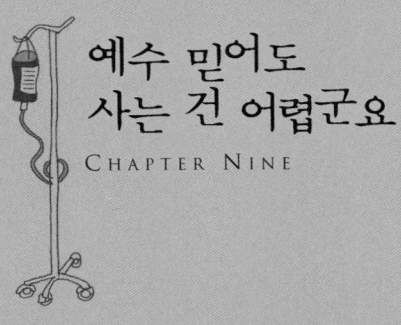

예수 믿어도 사는 건 어렵군요
Chapter Nine

● NIGHT WITH A PERFECT STRANGER ●

　10분 뒤, 예수님과 함께 트럭을 세워둔 주차장으로 나왔다. 병원을 나서기 전에 예수님은 간호사를 찾아가 잠시 이야기를 나누셨다.
　"주님이 누구라는 걸 밝히셨어요?"
　"그럴 필요가 없었어요. 진즉에 알고 있더라고요."
　"저처럼 예전에 만났던 분인가 봐요?"
　트럭 꽁무니에서 각자 자리가 있는 쪽으로 갈라져 차에 올라탔다.
　"아뇨, 닉과는 달라요."
　시동을 걸었다. "그럼 그 간호사는 어떻게 주님을 알아봤을까요?"

주님은 어깨를 들썩해 보이실 따름이었다. "어쨌든, 나를 알고 있더군요. 아주 잘 알았어요."

주차장을 빠져나와서 셸비빌 시내를 거쳐 다시 고속도로로 접어들었다. 3킬로미터 남짓 달리자 도로공사 구간이 나타났다. 차선은 좁아지고 갓길도 없어졌다. 대신 콘크리트 바리케이드가 그 자리를 차지하고 있었다.

"하나님의 사랑에 대해 이야기하다 말았죠? 그래서 말인데요…." 사이드미러를 곁눈질하며 말을 꺼냈다. 고속도로를 지나는 차량이 차츰 많아지고 있었다. 특히 컨테이너 트레일러들이 자주 눈에 띄었다.

"그래서요?" 예수님이 재촉했다.

"그럼 죄는 문제가 되지 않는다는 말씀인가요?"

"거룩한 사랑에 관한 한 그렇습니다."

"그래도 하나님이라면 죄를 벌 주셔야 하는 게 아닌가요?"

예수님은 안타깝다는 듯, 숨을 몰아쉬었다. "닉, 당신에겐 정말 까다롭고 난해한 개념일 겁니다. 하나님은 십자가를 바라보시면 무슨 생각을 하셨을까요? 당신의 죄는 남김없이 내 몫이 되었습니다. 실제로 죄 덩어리가 된 겁니다. 아버지는 맹렬한 분노를 아들에게 쏟아부으셨습니다." 예수님은 단추를 풀고 소매 단을 걷어 올리더니 팔을 허공에 들어 올렸다. 두 손목에 못 자국이 선명했다. 예전에도 본 적이 있는 상처였다. 참혹한 흔적을 다시 한 번 눈으로 훑을 수밖에 없었다.

예수님이 말을 이었다. "이걸로도 모자란다고 생각하는 겁니까? 죄의 문제는 그때 완전히 종결됐어요. 하나님의 사랑에 비하면 닉의 죄는 아무것도 아닙니다. 바다에 조약돌 하나 집어던지는 꼴이라고나 할까요? 그래 봐야 어디 티나 나겠습니까?"

"알기는 압니다만…." 내가 토를 달았다. "그런데 제 느낌에는…."

그는 단호하게 말허리를 잘랐다. "느낌은 중요하지 않아요. 난 지금 한 점 거짓이 없는 사실을 말하고 있는 겁니다. 아버지와 성령님, 그리고 나는 무얼 하고 말고가 아니라 그 존재 자체로 당신을 사랑합니다."

"그렇다면 하나님의 꾸지람은 어떻게 설명하시겠습니까?"

"꾸지람은 훈련이지 처벌이 아닙니다. 하나님이 당신에게 행하는 일은 예외 없이 징계가 아니라 사랑에 뿌리를 두고 있습니다. 더러 꾸짖는다 할지라도 그건 우리를 더 사랑하도록 훈련시키려는 뜻입니다. 댁이 여기에 이렇게 존재하는 이유가 뭐라고 보십니까?"

"이 세상에 태어난 이유 말입니까?"

예수님은 말없이 고개만 까딱했다.

잠시 생각을 가다듬고 나서 대답했다. "하나님을 섬기기 위해서가 아닐까요?"

예수님은 혀를 차셨다. "정말, 정말로 인간의 도움이 하나님께 필요하다고 믿습니까? 당신은 나를 섬기러 세상에 나온 게 아닙니다. 섬기는 건 한 가족이 된 까닭에 자연스럽게 나오는 행동에 불과합니다. 인간은 사랑받기 위해 창조되었습니다. 성부, 성자, 성령 하나님이 서로 나누는 긴밀한 사랑을 공유하도록 빚어진 겁니다. 닉, 당신의 존재가치와 의미가 여기에 있습니다. 삼위일체 하나님은 당신을 그 심장에 품으셨습니다. 우리와 더불어 지내게 되었습니다. 인간으로서 누릴 수 있는 가장 큰 특권을 갖게 되었다는 말씀이죠. 그리고 지금, 닉은 그 여정을 살아내는 첫발을 딛고 있는 겁니다."

"웬걸요. 전 날이면 날마다 뒷걸음질만 치는데요?"

"때로는 멀리 뛰기 위해 뒤로 물러나야 하는 경우도 있죠. 그건 퇴보가 아니라 진보의 일부입니다. 당신만 하더라도, 비록 성공 가능성이 전혀 없는 방식이긴 했지만, 어떻게든 제대로 살아보려고 무진 애를 써왔잖아요."

대화에 집중하는 동시에 트럭을 안전하게 운전하려니 진땀이 날 지경이었다. 좁다란 도로에서 커다란 트럭을 탈 없이 운전하기란 생각만큼 만만한 노릇이 아니었다.

"도대체 무슨 생각으로 살았는지 모르겠어요."

"하나님의 사랑을 받고 있음을 진정으로 깨닫지 못한 채 지냈으니 그럴 수밖에요. 거듭나는 체험은 마치 장난감 같아요. 처음에는 배터리가 장착되어 있지 않아요. 하지만 본래 건전지가 들어가야 움직이도록 디자인되어 있거든요. 사람으로 치자면 배터리는 하나님의 사랑이에요. 개인적으로 하나님의 사랑을 받고 있음을 깊이 인식하지 못하면, 그러니까 그 사랑에 빠져 살지 못하면, 삶은 제대로 돌아가지 않죠. 하나님의 사랑으로 충만하다는 건 곧 마음에 하나님이 가득하다는 말입니다. 중심에 주님이 흘러넘치는 이들은 창조주가 마련해두신 온갖 열매를 맺게 마련이에요. 사랑도 열리고 기쁨, 평안, 인내, 온유를 맺기도 하죠. 어디서 많이 들던 얘기 같죠?"

"성령의 열매를 말씀하시는 거죠?"

"그렇습니다. 닉의 내면에 우리(성부, 성자, 성령)의 사랑이 가득하면 당신을 통해 거룩한 열매가 맺힙니다. 당신을 통해 하나님의 사랑이 표현되는 거죠. 갖가지 규칙과 규정을 잘 지키거나 죽을힘을 다해 노력하는 따위의 행위와는 아무 상관이 없습니다. 하나님의 사랑으로 충만해지는 게 처음이고 끝입니다. 아버지와 성령님, 그리고 내가 여러분께 행한 일들에는 오직 한 가지, '우리로 충만하게 해서 우리를 드러내게 하자'는 목적이 있을 뿐입니다."

궁금한 걸 하나 더 물으려는데 핸드폰 벨이 울렸다. 시계를 보니 4시 15분이었다. 아내가 틀림없었다. 운전석 주변을 더듬어서 전화기를 찾아냈다.

"여보, 피가 멎질 않아!"

핸드폰을 들기가 무섭게 겁에 질린 목소리가 쏟아져 나왔다. 울음을 억지로 참고 있는 듯했다.

"하혈을 하는 거야? 언제부터 그랬는데? 얼마나 됐어?"

"모르겠어. 화장실에 가려고 일어나보니 피가… 닉, 너무

무서워!"

"매티, 괜찮을 거야. 걱정하지 마." 말은 그렇게 했지만 혈압이 치솟는 느낌이었다. 신경이 곤두서서 머리가 잘 돌아가지 않았다. 예수님을 쳐다봤지만 통 표정을 읽을 수가 없었다.

"매티, 일단 병원으로 가는 게 좋겠어." 아내에게 말했다.

"옆집 사는 캐럴Carol이 아이들을 봐주러 오고 있어. 짐Jim이 굿 사마리탄Good Samaritan 병원까지 태워다주기로 했고."

"그래, 나도 지금 막 셸비빌을 지났어. 병원으로 바로 갈게 거기서 만나."

"알았어." 그러곤 한동안 뜸을 들였다. 잠시 후, 아내가 다급하게 덧붙였다. "짐이 왔어. 지금 나가야 해."

"그래. 여보, 사랑해!"

전화가 끊어졌다. 핸드폰을 금방 집어들 수 있도록 가까운 데 두고 싶은데, 편편한 자리가 눈에 띄지 않았다. 실내등을 켜고 운전석 주위를 살폈다. 트럭이어서 그런지 조그만 물건을 간수할 데가 마땅치 않았다. 대형 트레일러가 요란한 경적을 울리며 달려들었다. 사나운 기세에 밀려 왼쪽으로 방향을 트는 순간, 집채만 한 트럭이 아슬아슬하게 곁을 스쳐 지나갔다. 얼마나 당황했던지 순식간에 중앙선을 침범했다. 최대한 빨리 핸들을 돌려서 차를 바로잡으려 했지만 너무 늦고 말았다. 제대로 차선을 타려는데 콘크리트 중앙분리대에 차체가 긁히는 금속성 소음이 귓속을 파고들었다.

하지만 채 숨을 돌리기도 전에 오른쪽 사이드미러로 눈부신 불빛이 맹렬하게 달려오는 게 보였다. 또 다른 트레일러 한 대가 갑자기 방향을 틀어 지나쳤다. 이번에도 경적을 시끄럽게 울려댔다. 속도를 줄이면서 중앙분리대에서 벗어났다. 도대체 견적이 얼마나 나올지, 생각만 해도 심장이 쿵쾅거렸다. 갓길로 빠져나와 서서히 차를 세웠다. 머리를 두 팔로 감싼 채 핸들에 처박으며 중얼거렸다.

"하마터면 죽을 뻔했어!" 뜬금없이 궁금증이 생겼다. '그런데 예수님은 왜 이런 일이 벌어지도록 내버려두신 거지? 최소한 경고는 할 수 있었잖아.' 고개를 번쩍 들고 막 따지려다가 그만 입술이 얼어붙고 말았다. 조수석이 텅 비어 있었다.

예수님이 감쪽같이 사라진 것이다.

예수에게 바람맞다
Chapter Ten

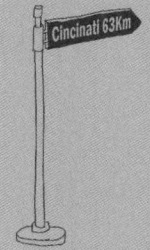

● NIGHT WITH A PERFECT STRANGER ●

　한동안 초점 없는 눈으로 운전석에 멍하니 앉아 있었다. 지난번 만났을 때는 예수님과 품위 있고 느긋하게 작별인사를 주고받았다. 가볍게 끌어안기까지 했다. 찾아보아야 할 말씀을 알려주고 언젠가 다시 식사하자는 약속을 나누었다.

　그런데 이번엔 아무것도 없었다. 약속도 없고, 격려가 될 만한 말씀도 없었다. 심지어 잘 가라는 덕담 한 토막조차 없었다. 전조등을 켜고 최대한 먼 데까지 앞길을 훑었다. 빛이 닿는 자리를 다 뒤진 뒤에는 눈이 시어지도록 양쪽 사이드미러를 살폈다. 예수님이 주변을 돌아보시고 아무 일도 없었다는 듯 조수석으로 되돌아올 것만 같았다. 하지만 아무리 시간이 흘러도 감감무소식이었다.

삶은 다시 한 번 오롯이 내 몫이 됐다.

시간을 확인했다. 4시 20분이었다. 병원까지는 1시간 15분쯤 걸릴 것이다. 운전하는 것 말고는 달리 할 일이 없었다. 예수님은 보여주고 싶은 걸 다 보여주었음에 틀림없었다. 홀로 남은 나는 그걸 소화하고 흡수해야 했다.

트럭에서 내려 피해상황을 확인했다. 가볍게 흠집이 난 정도가 아니었다. 그러나 나는 얼른 운전석으로 되돌아가서 시동을 걸고 고속도로에 진입했다. 렌터카 옆구리에 난 상처 따위에 신경 쓸 때가 아니었다.

아내와 뱃속의 아기를 위해 짧게 기도했다. "주님, 안전하게 지켜주세요. 이 어려움을 이겨나가게 해주세요." 크리스천이라면 의당 그래야 한다니까 흉내를 내긴 했지만, 기도라기보다 기계적인 암기에 가까웠다. 하나님이 정말 아내에게 벌어진 사태를 잘 수습해주실까? 산모와 아기에게 탈이 났다는 소식을 받기가 무섭게(어쩌면 그보다 먼저) 예수님은 자취를 감췄다.

어째서 주님은 그런 식으로 바람을 맞히는가? 그리스도를 신뢰하는 법을 가르치려는 것일까? 신시내티로 가는 여행길에 얼마쯤 동행하면서 하나님이 베푸는 사랑의 진면목을 구체적인 실례를 들어 설명하고는 감쪽같이 사라지셨다. 그렇다면 그 가르침을 얼마나 깊이 신뢰하는지 시험해보려는 뜻일까?

그러다 문득 한 가지 생각이 떠올랐다. 어쩌면 예수님은 위기상황에 개입해서 아내를 지켜주러 가셨는지도 모를 일이었다. 희망의 구름이 뭉게뭉게 피어올랐다. '예수님이 달려가셨으니 이제는….'

그런데 바로 그 대목에서 생각의 속도가 느려지기 시작하더니 급기야 완전히 브레이크가 잡히고 말았다. 예수님은 아내의 형편을 진즉부터 알고 있었다. 전화를 기다릴 필요조차 없었다. 그렇다면 어째서 정확하게 그 시점에 이르도록 기다렸다가 아내를 보살피러 가신 것일까? 갈 때 가더라도 한 마디 언질 정도는 주실 수 있지 않았을까? 왜 아무 말도 없이 떠나신 걸까?

그렇게 생각하니 어디로 가셨는지 더 가늠하기 어려웠다. 예수님은 더 이상 조수석에 앉아 있지 않다. 확실한 건 그뿐이었다. 이제부터는 그동안 보고 들은 내용을 스스로 삭여서 삶에 적용해야 한다.

타이어가 한 바퀴 구를 때마다 점점 더 짜증이 났다. 그렇다. 하나님의 사랑은 바다와 같다. 텀벙 뛰어들어 그 사랑을 만끽해야 한다. 밤새도록 들은 얘기를 한 마디로 줄이면 "흠뻑 젖어라"쯤 될 게다. 애당초 내 일을 못마땅하게 여기는 아버지의 타박이 이 모든 사건의 발단이었다. 욱해서 집을 뛰쳐나왔고, 예수님이 내 차에 올라탔다. 그러곤 나와 래리의 눈을 열어 새로워진 자아의 모습을 보여주었다. 참으로 대단한 경험이었지만 솔직히 말해서 시간이 갈수록 헷갈렸다. 만사가 골치 아프게 돌아가는 상황에서 새사람이 되었다는 사실에 어떤 유익이 있는지 알 수 없었다. 아기를 잃을지도 모른다는 고민스러운 문제 앞에 새로워진 내 자아는 아무런 영향을 끼치지 못했다. 해결의 열쇠는 날 완벽하게 사랑하신다는 분의 수중에 있는데, 그 주인공은 날 버려두고 사라졌다.

육신적인 욕구와 필요 앞에 무릎을 꿇었다고 손가락질할지 모르겠다. 그렇지만 믿을 만한 구석이 보이지 않는데 어떻게 예수님을 전폭적으로 의지한다는 말인가! 20분 전만 하더라도 어렴풋이나마 하나님이 나를 얼마나 사랑하시는지 알 수 있을 것만 같았다. 교제가 더 단단해진 듯했다. 하지만 이제는 상황이 달라지지 않았는가!

마음의 소리는 끊임없이 속삭인다. "믿어야 해! 믿어야 해!" 나로서는 너무 화가 나서 그 음성에 따를 수가 없다. 중심에 계신 그리스도를 신뢰한다는 게 어떤 모습이든지 간에, 내게는 그럴 만한 힘이 없었다. 예수님을 다시 만난 감격이 제아무리 크다 해도 이제는 사라져버린 감정에 지나지 않았다. 갑자기 나타난 '현실'이라는 놈이 뒤통수를 냅다 후려쳤다. 이것저것 생각할 필요가 없었다. 어서 병원으로 달려가 아내와 함께 있어주는 게 최선이었다. 영혼의 기사가 백마를 타고 달려오는 따위의 기적은 일어나지 않았다. 적어도 그 밤에는 그랬다.

도로 표지판을 지나쳤다. 신시내티까지 100킬로미터 남았다. 어차피 사고가 난 뒤에는 신경 쓰지 않았지만, 마침내 공사구간도 끝났다.

한참을 더 달렸다. 분노는 서서히 체념으로 바뀌어갔다. 그토록 뵙고 싶었던 예수님을 다시 만났지만 결과는 기대와 딴판이었다. 7년 전과도 딴판이었다. 분명히 주님은 오늘 밤에 어떤 일들이 일어날지 미리 알고 있었다. 거기에는 의심의 여지가 없었다. 고속도로에서 마주친 건 의도적인 만남이었던 셈이다. 그러나 영적인 세계를 어렴풋이 엿보았던 기억만

가지고는 아내와 통화하며 받은 충격을 상쇄하기에 모자라도 한참 모자랐다. 산모가 출혈을 일으켰다는 건 심각한 사태였다. 뱃속의 아기에게 좋지 않은 일이 생긴 건 아닐까? 지난번 초음파검사 때 봤던 영상이 자꾸만 눈앞에 어른거렸다. 임신 26주차치고는 아기가 너무 작았다. 과연 살 수 있을까? 몇 달 동안 신생아 집중치료실에 들어가야 하는 건 아닐까? 그렇게 되면 우리 삶은 어떻게 달라질까? 만에 하나, 아기가 죽기라도 한다면 식구들에게 어떤 영향을 미치게 될까? 결혼생활은 어찌 될까? 하나님을 향한 믿음은?

그럴 수 없었다. 아기를 잃는다는 건 생각조차 하기 싫었다.

'주님, 아기를 지켜주세요. 어떻게 해서든지 생명을 지켜주세요.'

속도를 높였다. 그럴 수 있다면 비행기를 타고서라도 빨리 달려가고 싶었다.

그처럼 불안한데도 희한하게 졸음이 오기 시작했다. 밤새워 차를 몰았지만 잠이 오긴 처음이었다. 하긴, 22시간씩이나 자지 않고 운전을 했으니 그럴 만도 했다. 운전석 주변을 뒤져 크래커를 찾았다. 그걸로 얼마나 버틸 수 있을지 의문이었다. 다만 1분이라도 빨리 병원에 도착하려는 마음은 굴뚝

같았지만 어쩔 수 없이 휴게소에 차를 세우고 커피를 마셨다.

신시내티를 80킬로미터 앞둔 지점에서 교통정체는 정점에 이르렀다. 오른쪽에 섰다가 앞차를 추월하려고 왼쪽으로 바꿔 탔다. 막상 차선을 바꾸고 보니, 바로 앞에 선 SUV차량이 지나치게 서행하는 것 같았다. '멍청이 같으니라고! 그렇게 기어가면서 추월차선을 가로막으면 어쩌자는 거야!' 다시 오른쪽으로 빠져나가려는 순간, SUV의 속도가 뚝 떨어지면서 왼쪽으로 커브를 그리기 시작했다. '도대체 뭘 하자는 수작이지? 왼편에는 길이 없잖아!' 자동차는 계속해서 왼쪽으로 기울어졌다.

퍼뜩 기사가 졸고 있을지 모른다는 생각이 떠올랐다. 힘껏 경적을 눌렀다. 차선을 완전히 벗어나서 풀섶에 처박히기 직전이었다. 브레이크 등에 불이 들어오는 게 보였다. 차체가 덜컥 멈춰 서더니 왼쪽으로 핑그르르 돌았다. '왜 이래, 난 시간이 없단 말이야!' 하지만 외면하고 그냥 갈 수는 없었다. 사고차량을 지나쳐 30미터쯤 앞쪽에 차를 세웠다. 트럭에서 뛰어내려 SUV로 달려갔다. 금요일 밤에 천둥번개를 동반한 폭우가 지나갔던 터라, 주위는 온통 진창이었다.

운전석 쪽으로 달려가서 차 안을 살폈다. 운전자는 60대어간의 여성이었다. 반쯤 넋이 나간 채 사태를 파악하느라 안간힘을 쓰는 눈치였다. 차창을 가볍게 두들겼다.

여인은 화들짝 놀라며 주위를 살폈다.

"괜찮으세요?" 일부러 입모양을 크게 해서 목청껏 외쳤다.

운전자가 고개를 끄덕였다.

"도와드릴까요?" 내가 말했다.

여인은 스위치 패널을 더듬어 유리창을 조금 내렸다. 유리에 가려 어른거리던 얼굴이 또렷이 보였다. '말도 안 돼! 이 양반이 어떻게!'

"밀러Anne Miller 부인 아니세요?"

아내가 더 잘 믿습니다
CHAPTER ELEVEN

●NIGHT WITH A PERFECT STRANGER●

앤 밀러는 요즘 매티가 출석하는 성경공부 모임의 리더이자 교회를 중심으로 여러 여성들을 돕고 있는 영적인 멘토이기도 했다. 아내는 앤을 무슨 천사쯤으로 여기는 모양이었다. "영적으로 성장하는 데 얼마나 큰 힘이 되는지 모르겠어"라는 소리를 입에 달고 살다시피 했다. 가끔 교회에서 얼굴을 대하기도 하고 특별한 자리에서 만나기도 했다. 한 해에 한 번 정도 함께 성경을 공부하는 식구들을 부부 동반으로 불러 진수성찬을 대접했기 때문이다. 하지만 일대일로 이야기를 나눠본 적은 단 한 번도 없었다.

"어머, 닉 코민스키 씨군요. 여긴 어쩐 일이세요?"

"어딜 좀 갔다가 신시내티로 돌아가는 길입니다. 깜빡 조셨나 봐요."

"예… 그런 것 같아요." 앤은 고개를 돌려 도로 쪽을 살피며 말했다. "다친 데는 없는데… 참, 고마워요. 경적을 울려준 덕분에 이만했지, 아니면…." 웃어 보이고 싶은데, 뜻대로 되지 않는 듯했다.

"별 말씀을요."

"차를 도로 위로 끌어올릴 수 있을지 봐야겠어요."

얼른 차에서 물러섰다. 앤은 후진기어를 넣고 액셀러레이터를 밟아댔다. 바퀴는 계속 헛돌기만 했다. 땅바닥을 볼 수는 없었지만 타이어가 진흙에 미끄러지는 소리가 들렸다. 잠시 멈췄다가 다시 시도했다. 오른쪽으로 살짝 틀어졌을 뿐, 별 진전은 없었다.

"바퀴가 진흙에 푹 빠졌나 봐요." 내가 소리쳤다. "직접 운전해서 빠져나오긴 힘들 것 같은데요?"

앤은 이편을 흘낏 돌아보고는 또 한 번 가속페달을 밟았다. 역시 소용이 없었다. 결국 시동을 껐다. 운전석으로 다가가서 물었다. "견인차를 부를까요?"

"시간이 얼마나 걸릴까요?"

잘 모르겠다는 뜻으로 어깨를 들썩해 보였다. "신시내티 외곽에나 가야 24시간 견인업체가 있을 거예요. 보험회사에서 알 텐데, 혹시 운전자보험에 드셨어요?"

"그럼요."

"즉시 출동할 수 있는 견인차가 있으면 여기까지 오는 데 30분이면 충분할 겁니다. 차를 끌어내는 데는 한 10분 남짓 걸릴 테고요."

앤은 계기판에 달린 시계를 확인했다. "오케이!"

"보험회사에서 준 카드를 가지고 계시죠?"

앤은 지갑을 뒤적여서 카드를 꺼내주었다.

"전화하고 올게요. 여기서 잠깐만 기다려주세요."

트럭으로 걸어가며 심란한 마음을 추슬렀다. 밀러 부인에게는 유감이 없었다. 다만, 그렇잖아도 정신이 하나도 없는 상황에서 이런 일을 만나게 하신 하나님의 속내를 알 수가 없었다.

핸드폰을 들고 보험회사에 전화를 걸었다. 통화를 하며 앤의 차로 돌아갔다. 사고차량 옆에서 몇 분 더 통화를 하고 수화기를 내려놓았다. "한 시간 반이나 있어야 견인차를 보낼 수 있답니다."

"그럴 시간이 없는데 어쩌죠? 늦어도 오전 7시까지는 베데스다 노스Bethesda North 병원에 가야 하거든요."

베데스다 노스라면 굿 사마리탄 병원에서 한참을 더 가야 했다. 거기까지 데려다 주려면 왕복 45분은 더 지체해야 했다. 목을 빼고 기다릴 아내가 걱정스러웠다. 오늘 밤은 그야말로 갈수록 태산이었다. 고속도로 쪽을 쳐다보며 말했다. "제가 말이죠. 그러니까… 신시내티까지 모셔다 드릴게요. 일단 가셨다가 아무 때나 돌아와서 차를 가져가세요."

앤의 얼굴이 환해졌다. "그래주시겠어요? 정말 고맙습니다." 서둘러 지갑을 챙겨들고 차에서 내렸다. "이렇게 폐를 끼쳐서 어떡해요?"

"그건 아닙니다만… 실은, 저도 병원에 갈 일이 있어요."

나는 트럭을 가리키며 그녀에게 출발을 재촉했다. 나란히 차를 향해 걸었다.

"아는 분이 입원하셨나 봐요?"

"아내가 병원에 있어요. 한밤중에 출혈이 시작돼서요."

"저런!" 앤은 걸음을 멈추고 내 팔을 잡았다. "산모랑 아이는 별 탈 없는 거죠?"

"아직 모르겠어요. 일단 굿 사마리탄 병원으로 갔는데, 그

뒤로 연락을 못했어요."

"그럼 곧장 그 병원으로 가세요. 거기부터는 택시를 타고 갈게요. 베데스다 노스까지 제 시간에 가는 데는 오히려 그 편이 더 빠를 수도 있어요."

들던 중 반가운 소리였다. 함께 차에 올라타고 도로에 진입했다. 앤을 슬쩍 돌아보았다. 사고를 당한 사람치고는 놀라우리만치 평온했다.

"한바탕 난리를 치르고도 속상한 기색이 없으시네요."

손으로 머리를 쓸어 올리며 앤이 대답했다. "그래 보이나요? 속으로는 한바탕 폭풍우가 휩쓸고 지나간 느낌인걸요. 정말 끔찍했어요. 차가 차선에서 벗어나 길가 덤불에 막 처박히려는 참에 눈을 떴거든요. 이만하길 얼마나 다행인지 모르겠어요."

"하지만 자칫 목숨을 잃을 뻔했잖아요?"

앤의 입가에 웃음기가 번졌다. "아무 때나 죽나요? 하늘아버지께서 데려갈 준비를 마치셨다면 모를까."

마치 예수님의 대답을 듣는 느낌이었다. 주님이 다시 이 차에 올라타신 건가? 밀러 부인으로 변장하고 돌아오신 건가?

 머리를 흔들어서 터무니없는 망상을 떨쳐버렸다. 밤새 놀라운 일들을 겪었지만, 그래도 그건 아니었다. 뭘 좀 물어보려는데 상대방이 먼저 질문을 던졌다. "안식구가 병원으로 실려 갔으니 정말 애가 타시겠어요."

 "아무래도 걱정이 되죠. 전화 목소리가 잔뜩 겁에 질려 있었거든요. 벌써 두 번씩이나 유산 경험이 있으니까요."

 "매티가 얘기하더군요." 잠시 뜸을 들인 뒤에 앤이 물었다. "아기 이름은 지어놓으셨어요?"

 "딜레이니Delaney가 어떨까 생각 중입니다."

 "예쁘네요."

 한동안 말없이 달리기만 했다. 기분이 묘했다. 아내의 영적인 멘토와 나란히 앉아 차를 몰게 되리라고는 상상조차 해본 적이 없었다. 매티의 영성에 관해서라면 나보다 아는 게 더 많을 성싶었다. 문득 예수님께 던지는 질문에 대신 답해줄 사람이 있다면, 바로 이 양반일지도 모른다는 생각이 들었다.

 "밀러 부인."

 "그냥 앤이라고 부르세요. 아무개 부인이라니까 너무 딱딱

한 느낌이 드네요. 저도 닉이라 부를게요."

"그럴게요. 앤, 궁금한 게 있어요."

"말씀해보세요."

머릿속으로 질문을 정리하는데 불쑥 너무 어리석고 이기적이란 자책감이 발목을 잡았다. 하지만 도저히 참을 수가 없었다. 누구에게서든 꼭 대답을 듣고 싶었다. "이상하게 들리시겠지만 지난 몇 년 동안 아내는 영적으로 부쩍 성장했습니다. 저와는 비교할 수 없을 만큼 월등하게 성숙해졌어요. 어째서 이런 차이가 생겼는지, 혹시 아세요?"

"어떤 점에서 닉은 스스로 성장하지 못했단 판단을 하신 건가요?"

"전혀 자라지 않았다는 건 아닙니다." 말은 그렇게 했지만, 그건 사실이었다. "그래도 아내가 더 성장한 것처럼 보이기는 합니다. 하나님과 더욱 친밀하게 지내는 것 같거든요."

"주님은 이미 우리를 더할 나위 없이 가까이 부르셨어요." 앤이 대답했다. "물론 닉이 무슨 말씀을 하려는 건지는 잘 알겠습니다. 거기에 대해서는 매티가 충분히 설명했을 것 같은데, 그렇지 않나요?"

나는 고개를 가로저으며 말했다. "영적인 이슈를 두고 자주 대화하는 편이 아니라서요. 아내가 몇 차례 비슷한 화제를 꺼내기는 했었죠. 하지만 워낙 제가 낙담한 상태라 영적인 삶에 관해 이야기할 기분이 아니었던 것 같아요."

잠시 침묵이 흘렀다. 내가 덧붙였다. "그렇다고 아내가 말하고 싶어 하지 않을 일들을 들려달라는 뜻은 아닙니다."

"그러시겠죠." 앤은 내 쪽을 보고 자리를 고쳐 앉았다. "매티가 비행기에서 예수님을 만난 뒤로…."

"어? 아내가 그 얘기를 하던가요?"

"당연하죠." 이편에서 놀라워하는 게 오히려 뜻밖이라는 말투였다. "매티의 삶을 통틀어 가장 중요한 대목 가운데 하나였으니까요. 닉 역시 비슷하게 예수님을 만났다더군요."

"아내가 하는 말이 믿어지던가요?"

"의심할 이유가 있을까요? 무엇보다도 신앙세계를 바라보는 시선이 순수하기 이를 데 없어서 없는 말을 지어낼 만한 심성이 아니었어요."

그건 어김없는 사실이었다. 하지만 아내가 7년 전의 일을 털어놓았고 앤이 그 간증을 의심 없이 받아들였다는 게 통 믿어지지 않았다. 여태껏 그런 친구, 또는 멘토가 나타나길 얼마나 고대했던가!

"그래서요?" 다음 말을 재촉했다.

"누굴 만나서 상담하고 조언을 하든, 늘 두 가지 기본적인 사항들을 먼저 확인합니다. 제게는 무엇보다 중요한 기준들이죠. 매티는 이미 첫 번째 조건을 갖추고 있었어요."

"그게 뭐였는데요?"

"진즉부터 온 마음을 예수님께 드렸더군요. 이건 무엇에도 비할 수 없을 만큼 결정적인 요소예요. 심령이 통째로 주께 사로잡혀 있어야 한다는 거죠. 하나님 아버지가 아들에게 푹 빠져 있는 것처럼 우리도 그래야 해요. 무얼 하든지 예수님께 우선권을 드리고 싶은 마음이 들어야 한다는 뜻입니다. 하나님 아버지는 그러셨거든요. 그리스도를 만나면 그분께 홀딱 반하게 되죠, 그렇지 않던가요?"

"맞아요."

"처음 만났을 때, 매티도 그런 상태였어요. 개인적으로 예수님을 만난 지 얼마 안 됐을 무렵이었죠. 덕분에 자연스럽게 영적인 주제에 관한 이야기를 나눌 수 있었어요. 앞으로도 변함없이 그런 삶을 누리도록 돕고 싶었고요."

"아내가 그럴 수 있었던 비결은 뭘까요?" 말은 그렇게 했지만 정말 물어보려 했던 건 "어떻게 하면 저도 그렇게 될 수 있을까요?"였다.

"성경말씀으로 주님과 교제하면서, 정확히 그분께 초점을 맞췄기 때문이죠. '무얼 해야 하는가'가 아니라 '하나님 자체'에 집중했던 거예요. 주님이 어떤 분이신지, 얼마나 놀라운 일들을 행하셨는지에 시선을 고정시키면 무얼 해야 하는지는 자연스럽게 해결해주시죠. 하나님이 그렇게 약속하셨다니까요."

언젠가 예수님도 하셨던 말씀이다. 하나님의 됨됨이를 알고 나면 저절로 그분의 성품을 드러내게 된다고 했다.

또박또박 힘주어 전하는 앤의 설명을 듣고 있노라니, 아내가 남다르게 살 수 있었던 비결이 한눈에 들어왔다. 나와 달리 매티는 예수님 자체에 흠뻑 빠져 있었던 것이다.

앤을 돌아보며 다시 물었다. "그럼, 상담을 하거나 멘토링을 할 때 강조하는 두 번째 조건은 뭐죠?"

"예수님의 몸이 되었다는 점을 힘주어 가르칩니다."

선뜻 납득이 가지 않았다. 잘못 들은 게 아닌지 의심스러워 재우쳐 물었다.

"무얼 가르치신다고요?"

"예수님의 일부가 되었다고요."

예전에도 비슷한 얘길 들어본 적이 있었지만, 주님 말씀이 너무 과격하다고 생각했다. 그래서 무슨 뜻이고 어떤 결과를 불러올지 알아볼 엄두조차 내지 않았다.

예수와 함께한 모든 생활

CHAPTER TWELVE

●NIGHT WITH A PERFECT STRANGER●

"신시내티에 오신 걸 환영합니다!"라고 적힌 간판을 지나면서부터 차량의 흐름이 느려지기 시작했다. 앞에서는 이동주택을 실은 트레일러가 3차선 고속도로의 절반을 차지한 채 느릿느릿 움직이고 있었다. 한동안은 운전에만 신경을 쓸 수밖에 없었다. 덕분에 차분하게 생각을 정리할 틈이 났다.

사실 교인들 가운데는 앤 밀러를 조심스러운 눈으로 바라보는 이들도 적지 않았다. 신학적인 한계를 넘나든다는 소리도 들렸다. 그때마다 근거 없는 소리로 치부하고 흘려버렸다. 아내는 아예 들은 척도 하지 않았다. 그런데 이번엔 달랐다. 처음으로 루머가 사실일지도 모른다는 의구심이 든 것이다.

그렇다면 요 몇 년 동안, 아내는 이처럼 수상쩍은 가르침의 영향을 받아온 것일까? 바람직한 삶의 열매를 맺어온 건 사실이지만, 뿌리가 불확실하다면 얼마쯤 거리를 두는 편이 현명하지 않을까? '예수님의 일부'가 되어야 한다는 주장은 곱씹을수록 부대꼈다.

하지만 그게 전부일까? 어쩌면 앤은 어젯밤에 예수님이 하셨던 말씀을 고스란히 되풀이하고 있는지도 모를 일이었다.

"그러니까, 주님과 하나가 되어야 한다는 뜻인가요?"

"맞습니다. 그래야 합니다."

숨 쉬기가 조금 편해졌다. 최소한 목회자를 찾아가서 이 양반의 옳고 그름을 가려주길 요청할 것까지는 없을 듯했다.

"그런 얘길 처음 들은 건…." '어젯밤'이라고 말하려다 마음을 고쳐먹었다. 밤새 벌어진 일을 입에 담지 않고는 새롭게 깨달은 진리를 설명할 길이 없었다. 당장은 예수님과 다시 만났던 전말을 털어놓고 싶지 않았다. 결말이 신통치 않았기에 더욱 그랬다. 궁리 끝에 어정쩡하게 말을 맺었다. "아주 최근이었어요."

"그러셨어요? 멋지네요. 매티한테 들으셨나요?"

"딱히 그런 건 아니고요. 음… 아내도 그런 소릴 했을지 모르죠. 정말 그랬다면 듣고도 제가 마음에 담아두지 않았던 모양입니다."

"하늘아버지가 깨달음을 주시는 통로는 아주 다양하니까요. 중요한 건 당신이 그 진리를 깨달아 알고 있다는 점이죠. 전혀 모르고 사는 크리스천들이 수두룩하거든요. 개인적인 얘기를 하자면, 제가 예수님의 한 부분이라는 사실을 깨달은 뒤로 주님이 손에 잡힐 듯 생생해졌어요."

듣기 거북한 얘기에 가라앉던 속이 다시 뒤틀렸다. 이단일지도 모른다는 의심이 솟구쳤다. "저로서는 아직 그렇게까지 말하기는 어렵군요."

앤은 부드럽게 웃으며 말했다. "굳이 애쓰실 필요 없어요. 어차피 하나님이 그렇게 말씀하셨는걸요."

저절로 미간에 주름이 잡혔다. "주님이 그러셨다고요? 어디서요?"

"우리는 그분의 지체라고 선언하셨거든요."

"하지만 그것은 우리가 교회 공동체를 이루는 한 부분이라는 의미로 사용하신 게 아닐까요?"

"그보다 더 심오한 의미가 있어요." 침착하면서도 자신감이 짙게 배인 말투였다. 마치 진리를 또렷이 알고 있으므로 시시비비를 가리는 건 시간낭비일 뿐이라는 식이었다. "닉의 신체요소들은 죄다 당신의 일부죠? 그렇지 않던가요?"

"그야 그렇죠. 하지만 신약성경에 기록된 말씀은 그저 은유적인 표현일 겁니다. 예수님은 몸과 같은 교회를 통해 세상에 역사하신다, 뭐 그런 뜻이겠죠."

앤은 안타깝다는 듯 고개를 저었다. "하나님은 크리스천의 영적인 실체를 정확히 비추어 보여주시려고 그런 표현을 사용하셨다고 믿습니다."

하긴, 예수님도 어젯밤에 인간의 사고방식으로는 죽었다 깨나도 해석할 수 없는 영적인 실체가 있다는 얘길 했었다.

앤이 말을 이었다. "예수님은 크리스천들에게 '그리스도의 몸과 같을 것'이라고 말씀하지 않았습니다. 너희는 '그리스도의 몸'이라고 하십니다. 왜 주님은 교회를 박해하는 바울에게 '네가 왜 나를 핍박하느냐?'고 물으셨을까요? 교회, 또는 그 지체들을 예수님 자신과 따로 떼어 생각하지 않으셨기 때문입니다. 우리는 그리스도와 한 몸입니다. 이제 그분의 일부가 되었다는 뜻이죠."

사이드미러를 확인하고 천천히 차선을 바꿔 앞차를 추월했다. 핸들을 돌리면서도 머릿속으로는 줄곧 방금 들은 얘기를 되새겼다. "그래도 잘 모르겠어요. 똑 부러지게 그렇다고 가르치는 성경말씀을 본 적이 없거든요."

"왜요, '몸은 하나이지만 많은 지체가 있고, 몸의 지체는 많지만 그들이 모두 한 몸이듯이, 그리스도도 그러하십니다'라는 말씀도 있잖아요."

"그거야 그리스도의 몸인 교회가 인간의 신체처럼 움직인다는 뜻이죠."

"아녜요, 잘못 짚으셨어요. 처음엔 흔히들 그런 실수를 저지르죠." 앤은 고린도전서 12장 12절을 다시 한 번 암송한 뒤에 설명했다. "바울은 그리스도의 몸과 사람의 육신을 비교하지 않습니다. 그리스도 자신을 몸에 빗댈 따름이에요. 몸에는 많은 지체가 있잖아요? 주님도 그래요. 그리스도는 스스로 협력해서 움직이는 존재가 되셨어요. 그리고 당신은 그분의 일부가 되셨고요. 물론 저도 그렇죠."

"말씀하신 본문을 다시 한 번 들려주시겠어요?"

앤이 되풀이했다. 듣고 보니 맞는 말이었다.

"그렇다면, 예수님과 우리 사이에는 아무 구별이 없다는 말씀인가요?"

"천만에요. 그리스도는 하나님이세요. 우리는 인간이고요.

거기엔 변함이 없어요. 하지만 우리를 주님 안으로 끌어들이셨어요. 그분의 일부로 한 몸을 이루게 하신 거죠."

예수님과 하나가 된다는 말만큼이나 까다로운 개념이어서 좀처럼 명쾌하게 정리가 되지 않았다. "하지만 제가 하고 다니는 짓은 예수님과 딴판인걸요?" 이번에도 토를 달았다. "그렇다고 잘못을 저지를 때마다 예수님이 저를 통해 죄를 짓는 건 아니잖아요?"

"물론이죠. 하지만 범죄 현장에 주님을 모시고 가게 되죠. '그리스도의 지체를 떼어다가 창녀의 지체를 만들 수 있겠습니까? 그럴 수 없습니다'라는 고린도전서의 말씀(6:15)은 바로 그 사실을 지적하고 있는 겁니다."

말없이 차를 몰며 앤의 말에 담긴 의미를 찬찬히 되새겼다. 과연 그럴까? 예수님이 우리를 그분의 몸으로 보실까? 가만있자, 정말 그렇다면 어떻게 되는 거지? "그럼 말이죠, 하나님이 우리를 보실 때 죄에 눈길을 주시는 게 아니란 뜻이 되나요? 그저 예수님만 보인다는 말씀인가요?"

"그렇고말고요. 우리는 그리스도의 몸이니까요. 하나님은 오직 아들만 보실 뿐이죠. 그분은 독생자가 사랑스러워서 어쩔 줄 모르세요. 하늘아버지는 당신을 통해 드러난 그리스도의 모습에 주목하신다는 말씀이죠."

"그래도 하나님이 죄를 새카맣게 눈치채지 못하실 리가 있겠어요?"

"두말하면 잔소리죠. 하지만 그걸 댁의 본질로 여기지는 않으십니다. 일시적인 현상이라는 걸 누구보다 잘 아시거든요. 주님은 죄의 결과를 사용해서 댁을 훈련시키세요."

순간, 엊저녁에 아버지와 한바탕했던 기억이 떠올랐다. "횡설수설하더라도 참고 들어주실래요?"

"얼마든지요."

"시카고에서 아주 속상한 일이 있었어요."

"무슨 일인데요?"

자초지종을 털어놓으려니 쑥스러워서 입술이 떨어지지 않았지만, 앤은 인간이라면 누구나 저지를 수 있는 실수 정도로 받아들이는 분위기였다. "제가 하고 있는 일을 꼬투리 잡아 속을 뒤집어놓은 게 한두 번이 아니에요. 결국 자리를 박차고 나와 오밤중에 차를 몰고 길을 떠나게 된 거죠. 원래는 오늘 아침에 출발할 계획이었거든요."

앤은 부드러운 미소를 머금고 끝까지 이야기를 들어주었다. "하나님이 무언가 특별한 일을 계획해두셨나 봐요."

"부인의 말이 사실이라면, 아버지는 저한테만 속 긁는 소리를 하신 게 아니로군요. 예수님께도 똑같은 얘길 한 셈이니까요."

"그렇습니다. 닉 코민스키는 더 이상 혼자가 아니에요. 예수님의 일부죠. 선생에게 무슨 일이 생기면 동시에 주께도 벌어지는 거죠."

생각의 폭을 조금 더 넓혀보았다. "주님이라면 벌컥 화내는 대신 따뜻하게 반응하셨을 것 같아요. 그렇지 않을까요?"

앤은 고개를 끄덕였다. "그분은 언제나 그러시죠."

"그렇지만 예수님의 일부인 저는 어째서 그러지 못하는 걸까요?"

"여전히 자유의지를 가지고 있기 때문입니다. 그리스도와 연합해서 한 몸이 되는 건 일종의 파트너십입니다. 예수님은 우리를 통해 사시지만 사소한 일 하나도 억지로 시키지 않으세요."

"그리스도가 지금보다 더 강력하게 저를 통해 살아가게 하려면 어떻게 해야 할까요?"

얼마나 대화에 몰두했던지 하마터면 굿 사마리탄 병원으로 빠져나가는 갈림길을 놓칠 뻔했다. 허둥지둥 차선을 바꿔서 고속도로를 벗어났다. 사거리에서 정지신호를 받고 멈춰 섰다. 대화가 끊어진 자리를 되짚어 물었다. "어떻게 하면 예수님이 더 깊고 넓게 제 안에 살도록 할 수 있을까요?"

미소를 머금은 얼굴로 앤이 대답했다. "글쎄요, 예수님께 뭘 강요할 순 없을 거예요. 그렇지 않을까요? 하지만 주님은 기꺼이 우리를 통해 살아주시죠. 특별히 그리스도와 똑같은 시선으로 세상을 볼 수 있도록 훈련시키셔서 그 폭과 깊이를 더해가세요. 껍데기를 넘어 눈에 보이지 않는 실재를 파악하는 안목을 키워주신다는 뜻입니다."

"보이지 않는 실재를 파악하다니, 무슨 말씀인지 감이 오지 않는군요."

"개인적으로는 세 가지 의미로 이해하고 있어요. 우선, 세상 만물에서 그리스도를 보는 것이죠."

"세상 만물에서요?"

"성경은 분명 그렇게 가르치고 있어요. 주님은 '모든 것 위에 계시고, 모든 것을 통하여 계시고, 모든 것 안에 계시는 분'이며 '만물 안에서 만물을 충만케 하시는 분'이시죠. 세상에 '내려오셨던 그분은 만물을 충만하게 하시려고, 하늘의 가장 높은 데로 올라가신 바로 그분'이기도 하시죠(엡 4장). 온 우주와 그 속에 속한 모든 것들이 주님을 드러내고 있습니다."

"하지만 악은 그렇지 않잖아요. 죄 말입니다."

앤이 엄지손가락을 들어 보이며 말을 이었다. "만물이 주님을 나타내지만 아직 완벽하지는 않습니다. 언젠가는 반드시 그렇게 되겠죠. 그때까지는 믿음으로 주님을 보아야 합니다. 저는 제 자신에게서 주님을 찾습니다. 처음에는 저만의 눈으로 자신을 쟀어요. 그렇게 산 세월이 한두 해가 아닙니다. 나름의 기준을 가지고 뭘, 얼마나 잘하는지 평가했던 거죠. 그랬더니 죽을힘을 다해도 낙제점을 면할 수가 없더군요. 당신도 엇비슷하게 사셨던 것 같던데, 아닌가요?"

"왜 아니겠어요!"

어느덧 도심에 들어서고 있었다.

"그런 눈으로 자신을 보는 건 믿음으로 사는 게 아닙니다. 코민스키 씨는 내면에 살아 움직이는 생명이 될 수 없어요. 오직 주님만이 생명이시죠."

"저는 늘 엉망진창인걸요."

앤은 환하게 웃었다. "믿음은 보이는 게 아니라 '보이지 않는 것들의 증거'(히 11:1)입니다. 크리스천은 주님을, 아니 주님만 보기로 작정한 이들입니다. 그리스도를 드러내는 표현

물인 셈이지요. 그분은 언제나 한 점 빈틈없이 정확하시고 늘 완벽하십니다. 믿음으로 예수님과 동행하면 주님은 우리를 통해 더 온전하게 자신을 나타내실 겁니다."

빨간 신호등이 길을 막았다. 고층 빌딩 사이로 막 고개를 내민 태양이 햇살을 쏘아 보내며 새날이 밝았음을 알리고 있었다.

"뿐만 아니라…." 앤의 설명이 계속됐다. "다른 이들에게서도 오직 주님만을 봅니다."

"예수님을 전혀 모르는 이들에게서도 말입니까?"

"인간은 누구나 나름대로 하나님을 드러내고 있다고 볼 수 있습니다. 바울의 표현을 빌자면, '속에 그리스도의 형상이 이루어진' 크리스천이든, '자비를 베푸시려고 순종하지 않는 상태에 가두신' 이들이든 매한가지입니다(롬 11:32). 믿음의 눈을 가지면 너나없이 주님을 나타내는 도구로 볼 줄 알게 됩니다. 주변에서 벌어지는 일들도 예외가 아닙니다. 눈앞에 펼쳐지는 상황 하나하나에서 갖가지 형태로 찾아오신 예수님을 만날 수 있습니다. 결국 모든 것 가운데서 주님을 보는 셈이죠."

만물 속에서 그리스도를 본다고? 그건 여태 지켜온 생활방

식과 정면으로 충돌하는 마음가짐이었다. 그동안은 나를 볼 때면 언제나 나만 보았다. 주위를 돌아보면, 음… 짜증스러운 인간들만 보였다. 주변 상황으로 눈을 돌리면 성가신 일들만 시야에 들어왔다.

"실제로 뭐가 있든 가리지 않고 그 속에서 그리스도만 보기로 했단 말씀인가요?"

앤은 손뼉을 치며 깔깔 웃었다. "아니죠. 예수님이 정말 거기 계시기 때문에 그분께만 눈길을 주기로 했다는 뜻입니다. 주님은 '만물 안에서 만물을 충만케 하시는 분'이라니까요. 그러니까 그리스도의 실재 속에 살든지, 아니면 육신의 눈에 기대어 삶을 꾸려가든지 둘 중 하나예요. 저는 하나님의 임재 가운데 사는 쪽을 선택했고요."

드디어 시내를 관통하는 도로에 접어들었다.

"세 가지 의미로 해석한다고 하지 않으셨던가요?"

"그랬죠. 두 번째는 뭐냐면… 하나님은 내편에서 뭘 해주길 바라지 않으신다는 거예요."

기가 막혀서 저절로 목소리가 높아졌다. "뭘 원하지 않으신다고요?"

"이러저러하라고 가르치셨던 일들 전부요. 아니면, 성경에 기록된 모든 명령이라고 해야 할까요?"

"저더러 주님의 가르침을 죄다 무시하란 말씀입니까?"

"천만에요. 하나님이 그 일들을 이뤄내길 기대하는 대상은 제가 아니란 뜻이죠."

신앙적인 상식에 어긋나는 소리처럼 들리지만, "규칙이라는 건 아예 존재하지 않는다"던 주님의 말씀을 생각하면 마냥 헛소리로 몰아붙일 수도 없었다. 고속도로 휴게소에서 하셨던 말씀이 정말 그런 뜻이었을까? "그럼 누가 성취하길 바라신다는 거죠?"

"하나님의 아들이죠. 우리는 그분을 담는 그릇이라는 사실을 기억할 필요가 있어요. 주님은 우리를 통해 그분의 삶을 살기 위해 인류를 지으셨거든요. 그런 창조주께서 갑자기 입장을 바꿔서 제각기 제 힘으로 제 삶을 살라고 요구하실 리가 없잖아요. 그렇지 않아요? 그런데도 어떻게든 그렇게 살아보려고 발버둥을 치는 크리스천들이 허다하니, 안타까운 노릇이지요."

지당하신 말씀! 거기에 대해선 달리 할 말이 없었다.

앤이 덧붙였다. "아시겠지만, 스스로 그 일들을 이루어보기로 작정하는 순간, 곧장 율법에 매이게 되죠. '이렇게 해야 해! 기왕 하려면 철저하게 해야지!' 남편을 사랑하라! 자녀들을 사랑하라! 이웃을 사랑하라! 원수를 사랑하라! 시험을 당하더라도 기뻐하라! 하늘에 계신 너희 아버지께서 완전하신 것같이 너희도 완전하여라! 아니, 도대체 누가 그럴 수 있겠어요?"

"저는 죽었다 깨나도 안 될 것 같아요!"

"저도 마찬가지예요. 그럼에도 불구하고 그 짐을 짊어진다면 지체 없이 율법 아래로 들어갈 수밖에 없어요. 스스로 애쓰고 노력하다가 실패에 이르는 악순환을 되풀이하게 되는 거죠. 하나님은 그런 삶을 살도록 인간을 짓지 않으셨어요."

비로소 이해가 가기 시작했다. "간추리자면, 스스로 그렇게 살아보려고 발버둥치는 대신…."

"그리스도가 살아주시도록 맡기는 겁니다." 앤이 이어받았다. "그게 세 번째입니다. 저는 중심에 계신 예수님만 바라봅니다. 하나님이 요구하시는 삶을 살 수 있는 건 그분뿐이니까요. 주님이 주신 명령(주님의 삶을 사는 데 필요한 설명서라고나 할까요?)은 분명히 존재합니다. 하지만 오직 그분 자신만이 그런 삶을 살아낼 수 있습니다. 하나님은 사람을 지으시고 그분을 담는 그릇이 되게 하셨어요. 우리를 통해 주님의 삶을 사시기로 한 거죠. 이편의 역할은 믿는 게 전부예요. 그렇게 역사하시는 주님을 바라보기만 하면 되는 겁니다."

다시 신호등 앞에 멈췄다. 한 블록만 더 가면 병원이었다.

"'예수라면 어떻게 하실까?'라는 슬로건과는 생판 다른 얘기네요?"

앤은 고개를 끄덕였다. "다르고말고요. 오히려 '예수님이 하실 거야!'에 가까울 겁니다. 주님은 우리를 통해 모든 상황에 개입하십니다. 내키지 않을 수도 있어요. 사랑하고, 친절하게 대하고, 참아주고 싶은 마음이 들지 않을지도 모릅니다. 실은 저도 종종 그래요. 하지만 그리스도가 손수 이웃사랑을 완성하십니다. 주님은 그이들에게 가장 유익이 되는 일들만 골라 행하니까요. 따라서 저로서는 그 자리에 서서 묻기만 하면 됩니다. '여기서는 뭘 하실 작정이세요?' 그렇게만 해두면, 예수님이 저를 통해 사실 수 있도록 완벽한 준비를 갖추게 되는 거죠. 그때부터는 주님이 그분만의 방식으로(때로는 기가 막힐 만큼 기상천외한 방법으로) 사랑을 베푸십니다."

"믿음이 열쇠란 말씀이군요."

"예수님이 핵심이란 뜻이죠. 믿음이란 그 열쇠를 문에 꽂는 행위를 가리킵니다. 그러고 보면, 내 안에 계신 그리스도에 관해 공부하기 시작한다는 말은 곧 주님께 자신을 맡겨 그분의 삶을 살게 하는 훈련에 들어간다는 뜻일지도 모릅니다. 믿음으로 사는 것조차도 버거운 일일 수 있어요. 하지만 언젠가는 그분이 저의 판단기준이 되는 날이 옵니다. 저는 그리스도의 일부이기 때문입니다. 흔들리지 않고 주님만 바라보게 되겠지요. 끊임없이 자신에게 그 비밀을 가르치노라면 마침내 예수님이 저를 통해 역사하시는 걸 지켜보며 깜짝 놀라는 순간과 마주하게 됩니다. 속사람이 단단해져서 요동치지 않습니다. 그리스도가 처음이고 끝입니다. 어떤 상황을 만나든 필요한 건 그분뿐입니다."

주차장에 차를 대고 시동을 껐다. 문을 열고 나가려다 앤에게 말했다. "일전에 아내와 통화하면서 예수님이 날 버리신 것 같다고 말한 적이 있었어요."

"예수님은 닉을 버릴 수 없어요. 이미 주님의 일부가 되었으니까요."

조금만 더 차 안에 머물고 싶었다. "잠깐이었지만, 지금 예수님이 부인의 모습을 하고 오셨을지 모른다는 생각을 했었어요."

앤은 머리를 젖히고 깔깔 웃었다. "전 한 번도 헷갈린 적이 없어요. 그분이 아니라는 게 너무 확실하니까요. 게다가 지난번에 확인해보니까, 예수님은 여자가 아니더라고요."

"글쎄요, 저는 하나님 아버지를 흑인 여성으로 묘사한 책도 본걸요?"

"저도 읽어본 적이 있어요. 하지만 백 퍼센트 믿으셔도 좋아요. 전 예수님이 아니랍니다." 앤은 내 어깨를 부드럽게 토닥이며 말했다. "하지만 주님은 바로 여기에 계시죠. 그렇지 않나요? 우리 두 사람의 중심에 말이에요."

택시들이 잇달아 들어와 병원 현관에 멈춰서는 게 보였다.
"자, 이제 그만 베데스다 노스에 가봐야겠어요. 코민스키 씨도 얼른 매티를 보러 가야죠."

트럭에서 내려 주차장을 가로질러 걸었다.

"매티와 딜레이니를 위해 기도해주시겠어요?"

"트럭에 탄 뒤부터 줄곧 속으로 간구하고 있었어요. 하늘 아버지께서 두 식구를 품에 꼭 안아주실 거예요."

불현듯, 상대편 사정은 들어보지도 않고 내 얘기만 했다는 생각이 들었다. "그런데 병원에는 무슨 일로 가세요?"

"남편이 심장수술을 받게 돼서요."

"오늘 아침에요? 진작 말씀을 하시지 그러셨어요? 그런데도 어쩌면 그렇게 차분하세요?"

앤은 고개를 저었다. "속이 마냥 편한 건 아니에요. 마음이 시시각각 널뛰기를 하고 있답니다. 그때마다 남편은 예수님의 일부고 나도 마찬가지라는 사실을 떠올려요. 주님이 허락지 않으시면 그분의 지체에 그 어떤 일도 벌어지지 않을 걸 믿어요."

나는 그녀를 위해 택시 문을 열어주었다. 앤은 조심스레 올라타곤 의자에 깊이 기대어 앉았다. "즐거웠어요. 주님이 닉을 통해 절 여기까지 데려다 주셨네요."

나도 모르게 입이 벌어지고 웃음이 나왔다. "그러게요. 저도 즐거웠습니다."

문을 닫으며 앤이 당부했다. "예수님께 푹 빠지세요. 주님이 전부입니다. 어찌 살아야 하는지 세세히 알려주실 거예요. 늘 그러시거든요."

이윽고 택시가 출발했다. 앤은 손을 흔들었다. 마지막 말의 여운이 짙게 남아 사라지지 않았다. 멍하니 섰다가 퍼뜩 정신을 차렸다. 아내를 만나야 했다. 분명히 현실로 돌아왔지만 무언가 달라졌음을 여실히 느낄 수 있었다.

병원으로 들어가서 프론트 데스크를 찾았다. 매티는 4층에 있다고 했다. 엘리베이터를 잡아타고 병실로 올라갔다. '산부인과'라고 적힌 명패를 보자 가슴이 뛰었다. 양쪽으로 열리는 미닫이문을 열고 성큼성큼 걸어 들어갔다. 보호자 대기실을 지나치려는데 텅 빈 방에 웬 남자가 홀로 앉아 잡지를 읽고 있는 게 눈길을 끌었다. 얼핏 보기에도 낯이 익었다. 고개를 돌려 찬찬히 살폈다.

맙소사! 예수님이었다.

긴장이 탁 풀렸다. 예수님이 함께 계셨으니 더는 마음 졸일 필요가 없었다. 산모와 아기에게 무슨 일이 생겼든, 주님이 적절히 손을 써 주셨을 게 분명하기 때문이다.

급히 발길을 돌려 예수님 쪽으로 몇 걸음 내딛었다.

그러곤 그 자리에 멈춰 섰다.

마치 눈에서 비늘이 떨어져 나가기라도 한 것처럼 상황이 또렷하고 명쾌하게 정리됐다. 이번에 예수님이 육신을 입고 나타나신 건 일종의 시험, 또는 교육과정이었다. 남은 일은 결정뿐이었다. 주님이 밤새 가르쳐주신 내용을 믿음에 의지해서 행동으로 옮길 것인가? 아니면, 시카고를 떠나기 몇 시간 전까지 가지고 있었던(믿을 수 없는 일이다) 과거의 세계관으로 되돌아갈 것인가?

걸음을 멈추는 순간 시간도 얼어붙은 것 같았다. 십자가에 달리는 역사적인 사건을 앞두고 예수님은 떠날 때가 됐음을 알리셨다. 그리고 당황해서 어쩔 줄 모르는 제자들로서는 도무지 알아들을 수 없는 말씀을 하셨다. "내가 떠나가는 것이 너희에게 유익하다"(요 16:7)고 하신 것이다. 그래야 주님이 제자들의 중심으로 돌아와 그분의 삶을 사실 수 있다는 뜻이었다.

이제는 제자들 대신 내가 그 자리에 서게 됐다. 예수님은 내게 선택권을 주셨다. 지금 이 자리에서 결정을 내려야 한다. 인간의 몸을 입으신 주께만 매달릴 것인가, 아니면 마음속에 오셔서 영원히 거하시는 분의 임재에 의지할 것인가? 껍질에 집착할 것인가, 아니면 더 깊은 실재를 볼 것인가? 그리스도가 부활하시기 전의 제자들을 닮을 것인가, 아니면 '모든 것 위에 계시고, 모든 것을 통하여 계시고, 모든 것 안에 계시는 분'을 보았던 바울을 좇을 것인가?

드디어 예수님이 잡지를 내려놓고 고개를 드셨다. 서로의 시선이 허공에서 마주쳤다. 예전에는 주님의 눈동자에서 사랑과 지혜, 통찰만을 보았다. 그런데 지금은 그 이상이 보였다. 바로 내 모습이었다. 나는 그분의 일부가 되었다. 그리스도는 내 안에 살아 움직이는 생명이었다. 서로 다르지만 또한 하나였다.

분명해진 건 그만이 아니었다. 예수님은 훌쩍 떠나셨지만 날 외로이 방치하시려는 게 아니라 신체적인 임재를 떠나야만 비로소 배울 수 있는 가르침을 베푸시려는 뜻이었다. 주님은 날 버리지 않으셨다. 아니, 그럴 수가 없는 분이셨다.

예수님을 향해 가볍게 고개를 끄덕여 보였다. 입을 열어 저만큼 떨어져 앉으신 주님이 충분히 들을 수 있을 만큼 큰 소리로 말씀드렸다. "고맙습니다."

환한 웃음이 그분의 얼굴로 번져나갔다. "별말씀을요."

나는 팔을 뻗어 문을 가리키며 말했다. "들어가실까요?"

예수님이 대답하셨다. "그래요, 들어갑시다."

몸을 돌려 병실로 들어갔다. 몸을 입으신 주님은 대기실에 남았다.

옮긴이의 말

이 땅의 크리스천들을
더 행복하게 해줄 이야기

   그분을 만난 지 딱 30년 됐다.
   누구나 그렇듯, 첫 대면은 감격과 환희 그 자체였다. 껍질을 벗고 맨살로 신선한 공기를 맞는 느낌은 말로 다 할 수 없이 오묘했다. 우주보다 더 크신 분이 인간으로 오셔서 인간의 희로애락을 고스란히 맛보셨다는 사실이 놀라웠고, 인류의 죄를 대신 지고 십자가에서 돌아가셨다는 사실에 감동했고, 바로 그 구세주가 내게 손을 내밀었다는 점에 감격했다. 기도하면 들으시고 반드시 응답하신다는 게 신기했고, 늘 중심에 계셔서 앞을 인도하신다는 말씀에 안도했다.
   용광로처럼 뜨겁던 열정은 곧 사그라져 재가 되었다. 혼자서 세상을 온통 뒤집어놓을 것처럼 설치던 기세도 꺾였다. 주님과의 관계는 단번에, 영원히 변했지만 삶이 달라지는 데는 시간이 걸렸다. 실수를 저지르고 죄를 짓는 일이 되풀이될 때마다 귓가에 속삭이는 소리가 들렸다. "것 봐, 내 그럴 줄 알았어. 그러고도 크리스천이란 말이 나오니?" 맞는 말이었다. 엄청난 은혜를 받고도 해드린 게 아무것도 없을뿐더러, 이렇게 밥 먹듯 잘못을 저지르는데 그분이 날 사랑하실 리가 있겠는가? 설령 변함없이 아끼신다 해도 받아들일 염치가 없었다. 그분을 바라보는 시선이 흔들리기 시작했다.

기초에 실금이 가기 시작하면서 주님과 더 가까워지기 위해 시작했던 일들이 차츰 종교규범으로 변해갔다. 처음에는 그분과 만나는 게 즐거워서 아침 일찍 일어나 성경을 폈고, 그분의 음성이 듣고 싶어서 말씀을 읽었고, 그분의 가르침이 필요해서 기도를 했고, 그 짜릿함을 혼자 누리는 게 아까워서 전도를 했었다. 그런데 언제부턴가 동기가 변질됐다. 그래야 그분이 버리지 않을 것 같아서, 안 그러면 서운해하실 것 같아서 눈치를 봐가며 마지못해 움직였다. 마치 오래된 연인처럼 그분과의 데이트가 부담스럽고 피곤했다.

툭하면 귀에 대고 의심의 기운을 불어넣는 목소리를 완전히 떨쳐내는 데는 적잖은 수고가 필요했다. 주님이 원하시는 건 '무조건적인 대화와 교류'라는 걸 힘겹게 깨쳤다. 시쳇말로 이편이 '깽판'을 치든, 거름구덩이에서 뒹굴고 있든 상관없이 만나서 이야기하고 싶어 하신다는 걸 알게 됐다. 뭘 해 드릴 필요도 없었다. 그분은 워낙 가진 게 많고 아는 게 넘치는 분이라 내가 힘을 보태지 않아도 온 우주를 한 치 오차도 없이 움직일 줄 아셨다. 그러니 해드린 게 없어서 죄송하다는 말은 겸손이기보다 '건방'에 가까운 표현이었다. 심정은 이해하겠으나 무지의 소산임에 틀림없었다. 말씀을 보고, 기도를 하고, 경건의 시간을 갖고, 전도를 하는 건 그분을 사랑하고 더 알고 싶은 마음의 열매였다. 그러니 그런 일을 해서 예쁨을 받으려 했던 건 본말이 전도된 처사였다.

《예수와 함께한 저녁식사 2》를 옮기는 내내, 닉의 이야기를 풀어가는 게 아니라 내 신앙이력서의 한 토막을 재생하는 기분이었다. 닉의 질문은 곧 내 질문이었고, 닉이 들었던 답은 곧 내가 듣고 싶어 했던 이야기였다. 마지막 문장까지 옮겨 적고 난 뒤엔 감동에 심통이 따라붙었다. 구원의 사실관계와 약속을 바라보는 눈길이 흐려지기 시작했을 즈음, 예수님이 이 책을 들고 오셨더라면 얼마나 좋았을까? 닉에게 기름통을 들고 오셨듯이, 이 책을 내밀면서 한번 읽어보라고 권해주셨더라면 적잖은 세월을 아낄 수 있었을 것이다. 불안하고, 쓸쓸하고, 쓰라리고, 뼈아픈 회한에 잠겨 깊은 숨을 몰아쉬던 밤들을 면할 수 있었을 텐데 말이다.

일찌감치 이 책을 대할 수 있었더라면, 그리스도를 믿고 난 뒤에 크리스천이 어떤 과정을 밟아 성장하는지, 그 목표점은 어디고 어디까지 자라가야 하는지, 그 사이에 어떤 위험을 만날 수 있으며, 거기에 빠지면 어떤 결과가 오는지를 쉽게 파악했을 것이다. 조직신학적으로 설명하는 대신 경쾌한 터치의 가벼운 스토리텔링 기법을 사용한 덕에 지루하지 않게 메시지를 들을 수 있었을 것이다. 닉이라는 인간에 나를 대입해서 내 문제에 해답을 얻을 수 있었을 것이다.

몹시 불만스럽지만, 비슷한 처지에 있는 수많은 이들이 혜택을 보게 된 걸로 위안 삼는다. 거기에 힘을 보태게 된 건 그야말로 특권이다. 밥벌이를 하는 동시에 스스로 어느 지점에 섰는지 신앙의 현주소를 돌아볼 수 있는 직업이 세상에 또 있을까? 내공이 부족해서 더 명쾌하게 옮기지 못한 게 유감스럽다.

    그렇게 부족한 실력에도 불구하고 특혜를 누릴 수 있었던 건 포이에마 출판사 대표와의 오랜 친분 덕이라고 믿고 있다. 어디 가나 권력형 비리가 문제다. 독자들의 넓은 아량을 기대할 따름이다.

2012년 6월
최종훈

회복을 구하는 이들을 위한
그룹 토론 가이드

★예수와의 첫사랑이 그리운 이들을 위해 마련한 이 가이드는 소그룹 토론을 할 때 활발한 의견을 이끌어 낼 수 있는 질문들로 이루어져 있습니다. 토론을 하면서 자신에게 적합하다고 생각되는 질문들을 선택하고, 도움이 된다고 생각되는 부가적인 질문들을 덧붙여도 좋습니다.

도입 _ chapter 1-3

1. 책의 도입부에 나타난 닉의 영적, 정서적 상태는 어떠합니까? 또 주인공이 곤경에 빠지게 된 까닭은 무엇이라고 생각하나요?

2. 닉의 씨름을 당신의 삶에 적용해보세요. 어떤 점이 비슷하고 다릅니까?

3. 예수님은, 닉의 어떤 착각이 결국 그를 곤경으로 몰아갔다고 말씀하시나요?

4. 어째서 주님은 닉의 죄 때문에 사귐이 끊어진 게 아니라고(2장의 마지막과 3장의 들머리) 말씀하신 걸까요? 이러한 사실이 하나님과의 관계를 생각하는 주인공의 생각에 어떤 영향을 미치는 것 같습니까?

5. 닉이 그처럼 쉽게 훈련 프로그램(3장에서 예수님과 함께 이야기했던)에 끌려들어간 이유가 어디에 있다고 생각하나요? 자신을 돌아볼 때, 당신은 비슷한 성향인가요? 3장 마지막 줄에 나오는 질문, "내가 세상에 있을 때, 프로그램을 좇아 산 적이 있었던가요?"라는 예수님의 질문은 어떤 의도에서 나온 것입니까?

본론 _ chapter 4-9

1. 4장 말미에서 주님은 닉과 래리에게 "듣자하니, 두 분은 예수를 믿는 순간, 영적인 세계에서 어떤 일이 벌어지는지 새카맣게 모르고 계신 것 같군요"라고 말씀하십니다. 두 사람에게 어떤 일이 벌어졌다고 보나요? 어째서 주님은 이처럼 낮은 점수를 매기셨나요?

2. 눈이 열려서 영적인 세계를 보게 된 닉과 래리의 입장이 되어보십시오. 하나님의 시선으로 이들의 속사람을 본다면, 주인공들에 대한 평가는 어떻게 달라집니까? 당신 자신에 대해서도 마찬가지라고 생각하나요?

3. 닉이 한사코 화제를 신약시대의 계명들에 관한 이야기로 되돌리려 했던 까닭은 무엇이라고 보시나요? 어째서 예수님은 닉에게 제힘으로는 그 계명을 지킬 수 없다고 말씀하셨나요?

4. 예수님은 닉과 래리에게 죄와의 관계가 달라졌다고 말씀하십니다. 어떻게 변했나요? 무엇이 그런 변화를 가져왔습니까? 그러한 변화는 저마다의 삶과 어떤 관계가 있나요?

5. 예수님은 닉에게 비결은 없다고 말씀하십니다. "비결 따위는 없어

요. 인격적인 영이 계실 뿐입니다"라는 말은 무얼 뜻하나요?

6. 신생아실을 둘러보면서 예수님은 닉에게 무슨 메시지를 전하고 싶으셨던 것일까요? 당신의 삶에 그 가르침을 어떻게 적용할 수 있습니까?

마무리 _ chapter 10 -12

1. 밀러 부인(앤)은 매티가 영적으로 계속 성장했음을 지적합니다. 그런 아내와 달리 닉은 침체를 면치 못했지요. 무엇이 둘 사이의 이런 차이를 불러왔다고 보나요?

2. 밀러 부인은 이야기를 시작할 당시, 정서적인 어려움을 겪고 있었습니다. 부인은 교통사고와 남편의 입원 때문에 사납게 요동치는 감정을 어떻게 다스리고 있나요?

3. 밀러 부인은 크리스천을 '예수님의 일부(지체)'라고 했습니다. 여기에는 어떤 뜻이 담겨 있나요?

4. 12장에서 밀러 부인은 닉에게 세 가지를 반드시 기억하라고 말합

니다. 어떤 것들인가요?

5. 책의 말미에 이르면 닉은 처음과 무척 달라진 모습을 보입니다. 닉은 어떤 교훈을 얻었습니까? 그 깨달음의 결과는 무엇인가요?

6. 책의 말미에서, 닉이 혼자 병실로 들어간 까닭은 무엇인가요?

7. 이 책에서 무엇을 배웠습니까? 그 가르침이 삶에 어떤 영향을 주리라고 보시나요?

NIGHT WITH
A PERFECT STRANGER

즐거웠어요.
주님이 당신을 통해 절 여기까지 데려다주셨네요.